AF394985

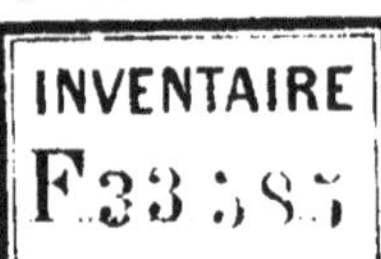

COMMENTAIRE

DE LA LOI DU 13 AVRIL 1850

SUR LES

LOGEMENTS INSALUBRES

PAR

ALFRED DES CILLEULS

SOUS-CHEF DE BUREAU A LA PRÉFECTURE DE LA SEINE

PARIS

LIBRAIRIE GÉNÉRALE DE JURISPRUDENCE

COSSE, MARCHAL ET Cie, IMPRIMEURS-ÉDITEURS

LIBRAIRES DE LA COUR DE CASSATION

Place Dauphine, 27

1869

COMMENTAIRE

DE LA LOI DU 13 AVRIL 1850

SUR LES

LOGEMENTS INSALUBRES

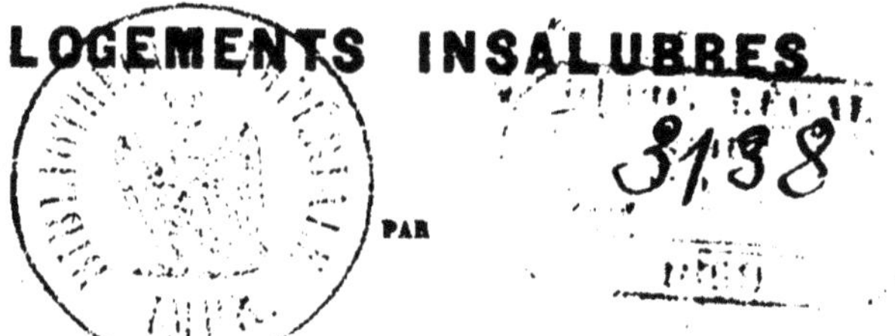

PAR

ALFRED DES CILLEULS

SOUS-CHEF DE BUREAU A LA PRÉFECTURE DE LA SEINE

PARIS

LIBRAIRIE GÉNÉRALE DE JURISPRUDENCE
COSSE, MARCHAL ET Cⁱᵉ, IMPRIMEURS-ÉDITEURS
LIBRAIRES DE LA COUR DE CASSATION
Place Dauphine, 27.

1869

TABLE.

CONSIDÉRATIONS PRÉLIMINAIRES.

La loi du 13 avril 1850, sur l'assainissement des habitations insalubres, est due à l'initiative parlementaire de l'honorable M. de Melun (du Nord). Elle a eu pour but de faire cesser une cause d'affaiblissement et de mortalité de la population, et pour effet d'armer les pouvoirs publics de nouveaux moyens d'action sur la propriété privée.

Les dispositions de cette loi se concilient parfaitement avec les principes de droit en vigueur chez tous les peuples civilisés ; elles ne donnent à l'autorité administrative que la force nécessaire pour prendre des mesures qui soient efficaces, sans devenir superflues ni vexatoires : c'est ce que nous allons chercher à établir.

Rappelons, d'abord, que, d'après l'art. 544 du Code Napoléon, « la propriété est le droit de jouir et de disposer des choses de la manière la plus absolue, *pourvu qu'on n'en fasse pas un usage prohibé par les lois ou par les règlements.* »

Le législateur admet donc que l'exercice de la propriété peut être restreint dans les limites qu'il juge à propos de lui assigner. Toutes réserves faites sur l'élasticité de cette définition, on doit reconnaître que, dans une société bien organisée, il est juste et légitime d'interdire à chaque membre ce qui doit nuire à autrui. Cette maxime est générale ; elle a pour sanction, suivant les cas, les peines édictées par les lois criminelles, les mesures coercitives prévues par les lois administratives, les réparations accordées par les lois civiles.

La société n'a pas à protéger l'individu contre lui-même, quand il est sain d'esprit ; mais elle le défend contre les attaques des tiers, de manière à obliger chacun au respect, tout au moins extérieur, du droit des autres ; et sans avoir besoin de déterminer, rigoureusement, la portée qu'il est permis de donner à l'empêchement de nuire, on peut affirmer que l'un des objets les plus dignes de la sollicitude du législateur est de prévenir ou de réprimer les faits « de nature à porter atteinte à la vie ou à la santé des citoyens. »

Pour comprendre comment on a été amené à placer dans la police administrative le soin de désigner les habitations qu'il est indispensable d'améliorer, celles qui sont radicalement impropres à leur destination, il faut se rendre compte des effets de l'insalubrité d'un lieu où se rencontre le fait de la présence ordinaire de l'homme :

1° Elle exerce, sur la santé de ceux qui demeurent dans l'enceinte de la localité malsaine, une influence lente et destructive ;

2° Elle produit parfois, quoiqu'à un degré moindre et variable, des ravages analogues chez les personnes qui fréquentent cette même localité.

Le mal n'est pas toujours apparent ; il exerce, souvent, son influence d'une manière occulte et reste, la plupart du temps, ignoré de ceux qui en sont victimes ; fût-il même facile à reconnaître, les habitants n'auraient à leur disposition, pour le faire disparaître, que les ressources d'un procès coûteux et plein de périls : le droit est donc, ici, à peu près illusoire ; mais il y a plus : les personnes qui n'habitent pas, à titre de résidence, une maison insalubre, n'ont aucun moyen de prouver qu'en y séjournant, d'une manière accidentelle ou périodique, elles y ont contracté un germe morbide.

L'insalubrité d'une habitation présente, dès lors, un de ces cas où plusieurs subissent un dommage, sans qu'aucun soit à même d'y mettre un terme et où, par suite, l'autorité publique doit intervenir pour faire, dans l'intérêt de tous et de chacun, ce qui ne peut être réalisé par des individus agissant en vertu de leur seule initiative et dans la limite du droit privé.

Il importe peu que l'insalubrité d'une maison, d'un logement, provienne de vice dans la construction, de circonstances antérieures à la jouissance du détenteur present de l'immeuble : on est responsable, envers la société, du préjudice causé à ses membres par le défaut d'entretien d'une maison ; le propriétaire actuel est personnellement répréhensible si, en même temps qu'il recueille les avantages de son exploitation, il refuse d'en supporter les charges ; sa bonne foi ne saurait plus, d'ailleurs, être alléguée, lorsqu'il a été averti de la situation des choses, éclairé sur les conséquences qu'elle peut avoir, mis en demeure d'y remédier. En assurant des garanties à la propriété, la loi n'a pas voulu lui sacrifier d'autres biens aussi précieux : l'exercice d'un droit quelconque ne doit, en aucun cas, devenir un instrument d'oppression, un moyen de nuire.

On aurait tort de penser que la vigilance croissante du législateur, pour tout ce qui affecte la santé publique, corresponde, dans l'histoire, à une absorption progressive de l'individu par l'État ; les précautions nouvelles, destinées à maintenir la force et la vitalité des générations présentes et à venir, ne sont pas un indice de la tendance à substituer la volonté sociale à l'initiative privée. L'extension des règlements de police, concernant la salubrité, a été commandée par le développement des connaissances humaines et, surtout, par l'application féconde des sciences physiques à l'industrie. A toute époque, chez les peuples civilisés, on a pris soin de la propreté des rues ; puis l'expérience et des notions plus avancées des conditions hygiéniques, ont fait reconnaître successivement la nécessité de proscrire, même en dehors du domaine public, tout ce qui pouvait vicier l'air extérieur, répandre et porter au loin des exhalaisons nuisibles.

On a dû multiplier encore davantage les mesures prises, à ce sujet, depuis qu'aux causes habituelles d'insalubrité les découvertes chimiques sont venues en ajouter d'autres par la création d'industries où s'emploient des matières malsaines, délétères ou vénéneuses.

D'un autre côté, les règles les plus incontestables de l'hygiène ayant établi qu'une maison, pour ne pas altérer la santé de ceux qui habitent dans son enceinte, devait satisfaire à certaines conditions déterminées, c'était un devoir, pour l'autorité publique, d'exiger que ces conditions fussent observées. Par la force des choses, on a été conduit à défendre, en principe, de livrer un logement, lorsqu'il présente du danger pour la vie ou la santé du locataire.

« Si le propriétaire tire un parti quelconque de ses constructions, s'il les loue ou les fait occuper par des tiers, alors la loi intervient, parce que, dans le contrat tacite ou exprès qui résulte du louage, par exemple, elle a le droit de régler les conditions qui lui paraîtraient immorales ou illicites ; bien plus, parce qu'elle se porte garant du mode même de la jouissance de l'objet loué. Et qu'on n'invoque pas ici la maxime : *volenti non fit injuria.* Lorsque le Code oblige le bailleur à tenir son local clos et couvert, en vain ce bailleur viendrait-il prétendre que le locataire a renoncé au bénéfice de la loi et qu'il est convenu de rester exposé à toutes les intempéries de la saison. L'autorité n'a-t-elle pas le droit, ne l'exerce-t-elle pas, chaque jour, d'interdire la vente ou le débit d'aliments nuisibles ou avariés ? Ne poursuit-elle pas la démolition des bâtiments qui menacent ruine ? N'empêche-t-elle pas de lancer à la mer un navire dont le mauvais état aventurerait l'existence de ceux qui le montent ?

« Pourquoi donc, en vertu d'un sentiment d'humanité et de moralité publique, n'imposerait-on pas au propriétaire le .devoir de mettre les logements qu'il concède dans un état tel qu'ils ne puissent compromettre ni la santé, ni la vie de leurs habitants ? Y aura-t-il là, plus que dans les cas que nous venons de citer, quelque atteinte portée à la propriété ? Ne sera-ce pas, au contraire, la conséquence de son inviolabilité, puisque rien ne la fortifie et ne l'assure davantage que l'autorité même de la loi qui en règle et qui en sanctionne l'exercice ? » (*Rapport présenté à l'Assemblée législative par M. de Riancey, sur le projet de loi relatif à l'assainissement des logements insalubres.*)

Ce n'est pas, qu'on le remarque bien, l'intérêt de tel ou tel locataire que la loi protége ici, mais celui de quiconque vient demeurer dans un logement malsain. Cet intérêt est donc immense et permanent.

Ainsi caractérisée et justifiée, la loi du 13 avril 1850 est inattaquable dans ses fondements, et ne se prête pas aux applications arbitraires qu'on chercherait à en faire. Elle n'a eu en vue, comme on vient de l'expliquer, que de combattre certaines causes, jusque-là irrémédiables, d'insalubrité des habitations ; d'où il suit que :

1° Cette loi ne modifie pas les attributions conférées antérieurement aux divers fonctionnaires civils et militaires, en ce qui concerne la police des édifices et lieux publics, celle des établissements particuliers soumis à la surveillance administrative, et même celle des habitations privées, dans les limites où elle peut être regardée comme contribuant à garantir la salubrité du territoire communal ;

2° Les actes pris en vertu de l'initiative des maires, et auxquels une sanction pénale a été refusée, par les tribunaux, ne font pas obstacle à l'application de la loi de 1850 ; et, réciproquement, le fait que cette loi a été déclarée inapplicable, dans un cas déterminé, n'empêche pas l'autorité municipale de poursuivre, en se fondant sur les lois des 16-24 août 1790 et 19-22 juillet 1791, l'exécution de mesures d'assainissement qui, en elles-mêmes, auraient été reconnues indispensables.

Ces règles générales étant posées, nous allons examiner, en détail, le sens et la portée de chacun des articles de la loi du 13 avril 1850.

Art. 1er. (1)

Sont réputés insalubres les logements qui se trouvent dans des conditions de nature à porter atteinte à la vie ou à la santé de leurs habitants.

---

(1) L'art. 1er comprend deux paragraphes dont nous avons interverti l'ordre, parce qu'il nous a paru peu logique de parler de l'insalubrité des logements avant d'avoir dit en quoi elle consistait.

Dans toute commune où le conseil municipal l'aura déclaré nécessaire par une délibération spéciale, il nommera une commission chargée de rechercher et d'indiquer les mesures indispensables d'assainissement des logements et dépendances insalubres mis en location ou occupés par d'autres que le propriétaire, l'usufruitier ou l'usager.

1. La vie ou la santé des habitants d'une localité peut être affectée par plusieurs causes d'insalubrité :

1° *Causes naturelles et permanentes*, telles que le voisinage de marais et cours d'eau, l'humidité du sol ;

2° *Causes naturelles et accidentelles*, telles que les épidémies ;

3° *Causes extérieures dépendant de la volonté de l'homme*, telles que la proximité d'un cimetière ou d'une exploitation industrielle répandant des odeurs malsaines, les amas d'immondices sur la voie publique ou dans les cours des habitations, les stagnations d'eaux provenant du mauvais état d'entretien de la surface du sol des rues, cours et allées, ou des conduites d'eaux ménagères, le dégagement des gaz et miasmes des puits et puisards, fosses et cabinets d'aisances, la malpropreté dans la tenue des maisons, la présence d'animaux de basse-cour dans une enceinte d'habitations agglomérées, la couverture ou l'exiguïté des cours, la hauteur exagérée des bâtiments environnants ;

4° *Causes intérieures dépendant de la volonté de l'homme*, telles que l'encombrement du logement, le défaut de soin et de propreté qu'y apporte le locataire, la mauvaise constitution ou l'humidité de ce logement.

2. Les trois premières catégories de causes d'insalubrité sont en dehors de l'objet de la loi de 1850. En effet, on a vu que les maires avaient qualité (sauf les cas où la compétence est dévolue à d'autres fonctionnaires) pour faire cesser tout ce qui nuit à la salubrité du territoire ; ils peuvent donc remédier,

soit aux causes d'insalubrité venant du dehors et dont les effets se font sentir au-dedans des logements, soit à celles qui, bien que se produisant à l'intérieur des habitations, se manifestent aussi à l'extérieur.

D'autre part, la loi de 1850 veut, on le verra bientôt, que l'insalubrité des logements, pour donner ouverture à des poursuites, soit imputable à une faute du propriétaire ou de l'usufruitier; elle ne permet donc pas de prescrire de mesures d'assainissement quand le danger, qui menace la santé du locataire, doit être attribué à sa faute ou bien est le résultat d'un cas de force majeure.

On ne saurait regarder comme couvrant la responsabilité du propriétaire le fait qu'un logement aurait été rendu insalubre par la nature de la profession qu'y exerce le locataire, car, d'après les art. 1719 et 1720 du Code Napoléon, le bailleur est tenu d'entretenir la chose louée en état de servir *à l'usage pour lequel elle a été louée* et d'y faire, pendant la durée de la location, toutes les réparations qui peuvent devenir nécessaires. Si, au moment de l'entrée en jouissance, le locataire n'a pas dénoncé sa profession et révélé les inconvénients qu'elle comporte, ou s'il ne l'a embrassée que depuis sa prise de possession des lieux, sans le consentement du propriétaire, celui-ci doit, alors, invoquer l'art. 1728 du Code Napoléon qui oblige le preneur à user de la chose louée suivant la destination qui lui a été donnée par le bail, ou suivant celle que les circonstances font présumer en l'absence de conventions. Mais il n'y aurait lieu de poursuivre, dans les deux hypothèses, que si la salubrité intérieure de l'habitation était devenue permanente.

En résumé, l'art. 1er de la loi du 13 avril 1850 a entendu s'occuper seulement de l'insalubrité qui provient du logement lui-même, c'est-à-dire de la manière dont il a été constitué, de son aménagement, de la nature et de la qualité des matériaux employés dans sa construction, de ses dimensions,

des dispositions prises pour y faire pénétrer l'air et la lumière :
c'est ce qui ressort, d'ailleurs, de l'art. 10 de la loi, lequel
suppose « que les causes d'insalubrité sont *dépendantes de
l'habitation elle-même.* »

3. Il n'est pas nécessaire, pour justifier les mesures prescrites par l'autorité municipale, que le séjour plus ou moins
prolongé d'un locataire, dans l'habitation déclarée insalubre,
lui ait déjà occasionné un mal appréciable; il suffit que les
conditions dans lesquelles se trouve le logement soient « *de
* nature* à porter atteinte à la vie ou à la santé de ses habi-
« tants, » pour motiver l'intervention administrative.

4. Ce qui vient d'être dit des logements s'applique, on le
verra plus loin, à leurs dépendances; mais il convient de
préciser la signification de ce mot : *dépendances*. Faut-il
entendre, par là, les parties d'une maison d'un usage commun
à tous les locataires, ou bien les accessoires particuliers à chaque
logement ?

Pour résoudre cette question, il n'est besoin que de se rap-
peler ce qui a été dit plus haut : qu'à moins d'une disposition
contraire de la loi, les maires ont qualité pour statuer sur tous
les cas d'insalubrité, même quand ils se produisent à l'intérieur
d'une maison, lorsque les effets du mal à prévenir ou à réprimer peuvent s'étendre au delà des limites d'un immeuble.
Ainsi les dépôts, à air libre, de matières organiques putres-
cibles, dans une cour, ayant pour résultat de vicier l'atmos-
phère, tombent sous le coup des mesures de police municipale
qui rentrent dans les attributions des maires. Mais si l'insalubrité est renfermée dans l'enceinte d'une propriété habitée,
sans être spéciale à un des logements dont cette propriété se
compose, il y a lieu de procéder conformément à la loi de 1850,
s'il s'agit, par exemple, d'assainir un passage commun, une
cour, une allée.

5. Après avoir indiqué ce qu'il faut entendre par « loge-

ments et dépendances insalubres, » nous allons examiner celles des dispositions de la loi de 1850 qui sont relatives à la mise en pratique du principe qu'elle a consacré, dans l'intérêt de la santé publique.

6. La création d'un service d'inspection des logements insalubres est facultative pour les communes, et l'appréciation des circonstances qui peuvent la rendre *nécessaire* est abandonnée entièrement à la sollicitude des conseils municipaux.

Toute délibération portant établissement d'une commission des logements insalubres doit être prise en session ordinaire du conseil municipal, à moins que ce corps n'ait été autorisé à se réunir extraordinairement à cet effet; c'est une conséquence de la loi du 5 mai 1855 dont l'art. 16 porte :

Dans les sessions ordinaires, le conseil municipal peut s'occuper de toutes les matières qui rentrent dans ses attributions.

En cas de réunion extraordinaire, le conseil ne peut s'occuper que des objets pour lesquels il a été spécialement convoqué.

Pour que l'appréciation réservée au conseil municipal, relativement à l'opportunité de l'institution d'une commission spéciale des logements insalubres, soit souveraine, comme le veut la loi du 13 avril 1850, il est indispensable que les délibérations prises en cette matière aient, par elles-mêmes, un caractère exécutoire, qu'elles n'aient besoin d'être revêtues d'aucune approbation : cette dernière formalité ne saurait ici être exigée; on peut s'en convaincre par le silence de la loi et l'esprit général qui a présidé à sa rédaction.

7. Les investigations de la commission rencontrent des limites qu'il est utile de préciser.

En vertu du principe que la loi de 1850 n'a pour but que de préserver la santé des citoyens, la commission ne peut être chargée de visiter des localités qui ne sont ni habitées, ni mises en location pour servir de logement.

Mais si une partie d'immeuble, quoique louée à usage de magasin, de lieu de dépôt, etc., est, en fait, affectée concurremment à l'habitation, le propriétaire est tenu, sous sa responsabilité, de faire cesser, sans délai, cet état de choses contraire à la destination des lieux, à moins qu'il ne préfère y exécuter, quand cela est possible, des travaux d'appropriation qui les rendent salubres et, s'il reste dans l'inaction, l'autorité municipale peut, alors, intervenir.

D'un autre côté, il n'est pas nécessaire qu'une localité soit habitée, d'une manière effective et continue, pour que le maire la fasse visiter par la commission : il suffit qu'elle ait été louée pour être affectée au séjour habituel de l'homme.

Des logements indiqués par des écriteaux ou affiches, comme vacants, ne sont qu'*offerts* et non pas *mis* en location ; toute mesure d'assainissement qu'on prétendrait y prescrire serait donc prématurée, puisque nul intérêt *actuel* ne l'exigerait.

8. Du principe que la société protége l'individu contre les tiers, et non contre lui-même, il résulte que la commission ne peut, non plus, pénétrer à l'intérieur d'une habitation à l'usage personnel du propriétaire, de l'usufruitier ou de l'usager.

Il faut entendre, par là, un logement que le propriétaire, l'usufruitier ou l'usager occupe, soit seul, soit avec sa famille.

En effet, les art. 628 et suivants du Code Napoléon portent :

Art. 628. — Les droits d'usage et d'habitation se règlent par le titre qui les a établis et reçoivent, d'après ses dispositions, plus ou moins d'étendue.

Art. 629. — Si le titre ne s'explique pas sur l'étendue de ces droits, ils sont réglés ainsi qu'il suit :

Art. 632. — Celui qui a un droit d'habitation dans une maison pour y demeurer *avec sa famille*, quand même il n'aurait pas été marié à l'époque où ce droit lui a été donné.

Art. 633. — Le droit d'habitation se restreint à ce qui est nécessaire pour l'habitation de celui à qui ce droit est concédé *et de sa
famille.*

Art. 634. — Le droit d'habitation ne peut être ni cédé ni loué.

Or, d'une part, la loi de 1850, en prohibant l'introduction forcée au domicile de l'usager, a eu évidemment en vue les droits d'usage et d'habitation tels qu'ils sont fixés par le Code Napoléon et non pas tels que les conventions peuvent les déterminer; d'autre part, l'inviolabilité qui couvre le logement de l'usager et de sa famille s'applique, avec au moins autant de raison, à celui de l'usufruitier ou du propriétaire.

Il est aisé de concevoir qu'on ait présumé chez le propriétaire, l'usufruitier ou l'usager, un sentiment de conservation pour lui-même, et de sollicitude pour les membres de sa famille, qui rendît superflue et vexatoire toute immixtion officielle dans l'état de salubrité du logement qu'il occupe.

Mais ce motif de décider n'existe plus à l'égard des serviteurs; on en tire un profit, et ils sont logés à titre de rémunération en nature, d'équivalent ou de complément du salaire; or, quand on stipule en sa faveur la concession d'un logement, pour prix de services rendus, il est censé qu'on entend s'assurer la jouissance d'un logement qui ne soit pas dans des conditions dangereuses pour la vie ou la santé. Dès lors rien ne s'oppose à ce que la Commission visite des chambres de domestiques, des loges de concierges; pour ce dernier cas, le Conseil d'État l'a implicitement admis par un arrêt du 27 juillet 1859 (*Leblanc*), en statuant, au fond, sur l'état d'insalubrité.

On raisonnerait de même, en ce qui concerne les tiers habitant, à titre onéreux, dans le propre logement du propriétaire, de l'usufruitier et de l'usager; il y aurait là une véritable location.

9. Un logement insalubre serait encore dans le cas d'être visité par la commission s'il était occupé, à titre onéreux, par le nu-propriétaire, si l'insalubrité ne lui était pas imputable et si le soin de la faire cesser ne lui incombait pas ; la même chose pourrait se présenter inversement pour l'usufruitier ou l'u-sager.

10. La prise à loyer de bâtiments par l'État, les départements, les communes et établissements publics, pour y installer un service d'utilité générale ou locale, n'affranchit pas les détenteurs de ces immeubles de la responsabilité prévue par la loi de 1850.

Toutefois, on peut se demander s'il est admissible qu'un conseil municipal, qui a pris à bail, d'un tiers, une maison, y prescrive des travaux d'assainissement, qui seraient faits dans l'intérêt représenté par la commune. Sans contester ce qu'il y a de délicat dans une telle position, il suffira de répondre que, si l'impartialité ou la modération du conseil était suspectée par le propriétaire intéressé, celui-ci trouverait, dans les voies de recours ouvertes par la loi, les garanties qu'il serait en droit de réclamer.

11. Réciproquement, l'État, les départements, les communes, sont soumis aux mêmes obligations que les particuliers, pour l'entretien de la salubrité des habitations qu'ils donnent à loyer ; et, dans le cas où le locataire d'une maison communale n'obtiendrait pas, pour le logement qu'il occupe, les travaux d'assainissement qui lui sembleraient impérieusement commandés par les règles de l'hygiène, il pourrait réclamer auprès du préfet et, au besoin, recourir aux tribunaux civils, en vertu de l'art. 1719 du Code Napoléon.

12. Mais le principe que le propriétaire, l'usufruitier ou l'usager, n'encourt aucune responsabilité, à raison de l'insalubrité d'un local sur lequel s'exercent ses droits et qu'il occupe, rend la loi de 1850 inapplicable aux édifices publics,

c'est-à-dire aux bâtiments affectés à un service public et appartenant à l'État, à un département, à une commune ou à un établissement public.

La législation administrative a, depuis longtemps, pourvu, pour ces sortes de constructions, aux moyens de les conserver dans un état en rapport avec leur destination. La loi du 18 juillet 1837, notamment, range au nombre des dépenses communales obligatoires celles qu'entraînent les réparations des édifices municipaux ; et la loi du 18 juillet 1866, tout en réduisant la nomenclature des dépenses imposées aux départements, a maintenu un caractère obligatoire à celles qui ont pour objet l'entretien des hôtels de préfecture et de sous-préfecture, des casernes de gendarmerie et des Palais de Justice. La même obligation subsiste en ce qui concerne les édifices concédés aux départements et aux villes, à charge d'entretien, par le décret du 9 avril 1811.

D'ailleurs, ceux qui se prétendent lésés par l'insalubrité d'un édifice public peuvent intenter, contre l'administration, une demande en réparation du préjudice causé ; les tribunaux administratifs, incompétents pour défendre ou ordonner à l'administration d'exécuter des travaux publics, peuvent allouer des dommages et intérêts à ceux qui ont eu à souffrir, soit des conséquences de ces travaux, soit de la négligence ou du retard apporté à les entreprendre. C'est ainsi qu'un arrêt du Conseil d'État, du 20 décembre 1855 (*Ministre de la Guerre*), a accordé une indemnité au propriétaire d'un immeuble voisin de la caserne d'Avignon, à raison d'infiltrations survenues dans le sol, par suite du mauvais état des latrines de cette caserne ; et qu'un autre arrêt, du 18 août 1856 (*Péan de Saint-Gilles*), a aussi alloué une indemnité au propriétaire d'une maison contiguë à la caserne de Babylone, à Paris, pour le dommage causé par les émanations des latrines de l'édifice militaire. Ces émanations provenaient d'un entretien très-insuffisant et de certains vices de construction.

Un agent, astreint par son service à résider dans un édifice public insalubre, pourrait aussi exercer une action en responsabilité contre l'administration, si sa santé se trouvait compromise par les conditions malsaines du local où il remplit ses fonctions.

ART. 2. (1)

La commission se composera de neuf membres au plus, et de cinq membres au moins.

En feront nécessairement partie un médecin et un architecte, ou tout autre homme de l'art, ainsi qu'un membre du bureau de bienfaisance et du conseil des prud'hommes, si ces institutions existent dans la commune.

La présidence appartient au maire ou à l'adjoint.

Le médecin et l'architecte pourront être choisis hors de la commune.

La commission se renouvelle tous les deux ans par tiers ; les membres sortants sont indéfiniment rééligibles.

Dans les communes dont la population dépasse 50,000 âmes, le conseil municipal pourra, soit nommer plusieurs commissions, soit porter jusqu'à vingt le nombre des membres de la commission existante. A Paris, le nombre des membres pourra être porté jusqu'à trente.

13. Il y a, dans la composition de la commission, des éléments obligatoires et des éléments facultatifs ; mais une latitude complète est laissée au conseil municipal, quant au choix des personnes ; le médecin et l'architecte, appelés à siéger dans le sein de la commission, peuvent être recrutés hors du territoire communal, si des circonstances, que le conseil municipal n'a pas besoin de spécifier, ne permettent pas de recourir aux hommes spéciaux qui habitent la commune. La nomination

---

(1) Le dernier paragraphe a été modifié par la loi des 25-30 mai 1864.

d'un médecin est toujours de rigueur ; mais, par médecin, il convient d'entendre ici, en l'absence d'une expression plus restrictive, aussi bien un officier de santé qu'un docteur en médecine. Au lieu d'un architecte, il est permis de nommer tout homme versé dans l'art des constructions, tel qu'un ingénieur civil, des ponts et chaussées, des mines, un officier du génie ou d'artillerie.

Quel que soit le nombre des membres de la commission, celui des personnes désignées à raison de leur profession ne varie pas.

14. **En** déclarant que le médecin et l'architecte peuvent demeurer hors de la commune, la loi suppose, implicitement, que les autres membres de la commission sont tenus à résidence.

15. Les membres de la commission des logements insalubres ne sont pas fonctionnaires publics ; ils ne peuvent faire aucun acte d'autorité ; les rapports qu'ils adressent collectivement ne font pas foi, jusqu'à preuve contraire, de l'existence des faits matériels qui s'y trouvent mentionnés ; par suite, ceux qu'une décision du conseil municipal appelle à faire partie de cette commission, ne sauraient être obligés, au moment de leur installation, de prêter le serment politique.

Mais la mission qu'ils ont reçue en fait de véritables experts pour l'hygiène des habitations, sans qu'on doive conclure de là qu'ils soient soumis à l'ensemble des règles édictées par les art. 305 et suivants du Code de procédure civile ; deux de ces règles, qui ont un caractère général et d'ordre public, peuvent seules être appliquées, même en l'absence d'une disposition spéciale, aux membres de la commission :

1° La nécessité de prêter un serment professionnel, non pas dans chaque affaire, mais, une fois pour toutes, avant d'entrer en fonctions ;

2° La récusation par les parties, dans les termes de droit commun.

16. Le titre de membre élu de la commission est incompatible avec la qualité :

1° De maire ou adjoint, l'un ou l'autre de ces fonctionnaires ayant déjà, de droit, entrée à la commission pour la présider ;

2° De membre du conseil municipal, du conseil de préfecture ou du Conseil d'État, ces corps étant chargés de contrôler les dires de la commission, d'homologuer ses actes.

Dans le second cas, l'incompatibilité est éventuelle, en ce sens que, si la loi ne l'a pas établie d'une façon explicite, ceux qui ont concouru à l'une des résolutions de la commission doivent, cependant, si cette résolution est déférée à un corps administratif dont ils font partie, s'abstenir de délibérer.

17. Lorsqu'il y a plusieurs commissions, dans une ville au-dessus de 50,000 âmes, le conseil municipal est tenu de tracer à chacune d'elles une circonscription clairement limitée ; ce serait à tort qu'il leur attribuerait, par exemple, la connaissance des affaires par voie de roulement.

Si le conseil, au lieu de former une seule commission, en crée plusieurs, il ne peut y avoir, dans aucune d'elles, plus de neuf membres ni moins de cinq.

18. A Paris, depuis la mise à exécution de la loi du 13 avril 1850, la commission est rattachée à la Préfecture de la Seine et non à celle de Police ; cette dévolution n'est régulière que depuis le décret législatif des 26 mars-6 avril 1852, qui a conféré au préfet de la Seine, par son art. 4, la surveillance des constructions privées, au point de vue de la sûreté et de la salubrité.

ART. 3. — La commission visitera les lieux signalés comme insalubres. Elle déterminera l'état d'insalubrité et en indiquera les causes ainsi que les moyens d'y remédier. Elle désignera les localités qui ne seraient pas susceptibles d'assainissement.

19. La commission n'est chargée de visiter que les lieux signalés comme insalubres ; elle ne peut agir d'office ou par

mesure générale, ni prendre d'initiative : il faut qu'elle soit saisie par le maire, en sa qualité de président de la commission et de magistrat placé à la tête de la police municipale. Celui-ci n'est pas obligé de transmettre à la commission toutes les plaintes qu'il reçoit pour elle ; il lui appartient d'examiner si sa propre compétence ne lui permet pas de donner satisfaction aux réclamations adressées.

Chacun a la faculté de signaler l'insalubrité d'un logement; mais si les faits allégués ne sont ni précis ni pertinents, si la plainte est envoyée sous la forme de dénonciation anonyme, ou si elle paraît avoir été dictée par la passion, rien n'oblige la commission à continuer plus avant la procédure.

20. La visite des lieux n'a pas besoin, pour être valable, d'être faite par tous les membres de la commission : une seule personne peut être déléguée pour examiner les localités signalées ; c'est évidemment ce qu'a entendu la loi, sans quoi on ne comprendrait pas la proportionnalité qu'elle a supposée entre le nombre des membres de la commission et celui des habitants d'une ville.

Mais le rapport du délégué ne saurait être considéré comme l'œuvre de la commission entière : celle-ci doit en approuver la teneur.

En vue d'obtenir une solution prompte et amiable, on peut inviter le propriétaire à être présent, lors de la visite des lieux par la commission ou son délégué ; mais cette sommation n'est pas de rigueur, le propriétaire ayant le droit, on le verra plus loin, de prendre connaissance du rapport de visite et de le discuter sur tous les points. (C. de Préfecture de la Seine, 8 août 1866, Lalou.)

L'assistance d'un officier de police judiciaire à la visite de la commission n'est pas indispensable, si ceux qui en sont chargés ne rencontrent aucun obstacle dans l'accomplissement de leur mandat. Mais, dans le cas contraire, la commission ne peut passer outre qu'avec l'aide d'un représentant de l'autorité, après que le propriétaire a été mis en demeure, par un arrêté du maire, notifié dans la forme décrite plus bas (n° 22), de laisser procéder, au jour fixé, à l'inspection de sa maison, en l'avertissant qu'on aura recours, au besoin, à la force publique. Si le propriétaire oppose un refus ou néglige d'assurer à la commission les moyens de visiter librement les lieux signalés, le maire, son adjoint ou le commissaire de police peut, en vertu de l'injonction notifiée, passer outre, conformément à la loi des 19-22 juillet 1791, ainsi conçue :

Tit. Ier, art. 8. — Nul officier municipal, commissaire ou officier de police municipale, ne pourra entrer dans les maisons des citoyens, si ce n'est en vertu des ordonnances, contraintes et jugements dont ils sont porteurs....

On objecterait à tort que les ordonnances dont parle la loi de 1791 sont celles qui émanent de l'autorité supérieure, et que celle-ci fait mettre à exécution par les officiers municipaux : une telle restriction n'est pas écrite dans la loi et serait contraire à l'ordre public ; en effet, l'autorité municipale est investie du soin de prendre des mesures, souvent urgentes, qui affectent de graves intérêts et nécessitent des vérifications préalables d'hommes de l'art à l'intérieur des propriétés, par exemple, lorsqu'il y a inondation, incendie, péril des bâtiments. Or, elle ne saurait exercer sa mission si l'entrée des maisons où se trouve le danger lui était interdite. Il est donc évident que les *ordonnances* mentionnées dans la loi de 1791 comprennent aussi bien les actes rendus par le pouvoir municipal, dans les limites de ses attributions, que ceux de l'autorité supérieure ; et il n'est pas moins manifeste que le droit de coercition inscrit dans cette loi s'applique à la constatation de l'insalubrité des logements habités.

Il y a encore lieu de procéder de la manière qui vient d'être indiquée, quand même la résistance ne provient que du gardien de la maison, concierge, gérant, locataire principal, etc.

Lorsque l'injonction adressée au propriétaire lui a été dûment notifiée, sa résistance ultérieure, celle de son représentant ou de tous autres, peut être poursuivie et punie, aux termes de l'art. 209 du Code pénal.

21. Le rapport élaboré ou approuvé par la commission fait connaître les logements et dépendances qui ne peuvent, sans danger réel pour la vie ou la santé des habitants, être conservés dans l'état où ils se trouvent ; il spécifie les causes du mal, et propose les moyens strictement nécessaires pour apporter un remède efficace à la situation des choses : telle est la pensée exprimée par la disposition de la loi de 1850, d'après laquelle la commission doit rechercher et indiquer les *mesures indispensables* d'assainissement.

Ces indications n'ont pas d'autre valeur que celle d'un dire d'experts ; elles ne lient à aucun degré l'administration.

Les renseignements contenus dans le rapport doivent être expressément renfermés dans les limites fixées par la loi ; il n'appartient pas aux hommes de l'art de se livrer, par exemple, à l'examen des questions de droit que soulèvent les affaires dans lesquelles ils sont consultés. (Voir le n° 22.)

Il faut que les avis de la commission soient délibérés par la moitié plus un du nombre minimum de ses membres ; aucune résolution n'est valable, conséquemment, si elle n'a été prise par quatre membres au moins, puisque la commission ne peut compter un nombre de personnes inférieur à cinq. Le maire ou son adjoint est en dehors du nombre de ceux dont la présence est nécessaire pour rendre valables les avis de la commission.

ART. 4. — Les rapports de la commission seront déposés au secrétariat de la mairie, et les parties intéressées mises en demeure d'en prendre communication et de produire leurs observations dans le délai d'un mois.

22. Pour que l'information relative à l'insalubrité d'un logement soit contradictoire, tout en conservant le caractère

de simplicité qui convient aux affaires administratives, il faut
que celui auquel sera notifiée l'injonction de prendre des
mesures, à l'effet de sauvegarder la vie ou la santé des habitants de ce logement, puisse présenter son dire avant la décision du conseil municipal.

Le maire est obligé de l'avertir du dépôt qui a été fait, au
secrétariat de la mairie, du rapport de la commission tendant
à faire imposer des prescriptions hygiéniques.

Mais l'administration n'est point tenue de produire la plainte
qui a été l'occasion d'un rapport de la commission ; ce signa-
lement ne constitue pas une pièce essentielle de l'instruction,
puisqu'il n'est point nécessaire pour mettre en mouvement
l'action administrative et qu'une réclamation pourrait, d'ailleurs, être faite verbalement : l'intérêt du propriétaire n'est
pas de réfuter les allégations contenues dans la plainte, mais
seulement les dires présentés par la commission, à l'appui de
l'avis sur lequel il doit être statué.

S'il est reconnu qu'aucune insalubrité n'existe dans la
maison dénoncée comme malsaine, le propriétaire n'est pas
mieux fondé à demander la communication de la plainte, car,
à supposer qu'il y eût insalubrité, elle ne serait point, par
elle-même, immédiatement punissable, et si elle était susceptible de prendre, plus tard, un caractère délictueux, à raison
de l'inexécution des actes intervenus pour la faire cesser, elle
n'aurait que le caractère d'une simple contravention, c'est-à-
dire d'un fait matériel qu'atteint la loi, *indépendamment de
l'intention* qu'a eue son auteur en le commettant ; dès lors,
l'intérêt que peut avoir le propriétaire à connaître la plainte,
demeurée sans suite, n'a pas de fondement juridique, puisqu'il
n'éprouve aucun dommage moral ou matériel.

Alors même que la commission estime qu'il n'y a pas insalubrité, son rapport n'en doit pas moins être porté à la connaissance de la partie intéressée, si le maire a l'intention de
le soumettre au conseil municipal, pour faire annuler ce

rapport et en provoquer un autre. Il pourrait arriver, en effet, que la commission se fût écartée de son mandat, qu'elle se fût déterminée par des considérations étrangères aux éléments d'appréciation technique qui, seuls, sont appelés à former la base de ses avis. Ce serait, en pareil cas, un devoir pour le maire, qui n'a personnellement aucun pouvoir sur la commission, d'en déférer les actes à la censure du conseil municipal.

C'est au propriétaire apparent, à celui dont le nom est porté au rôle de la contribution foncière, comme détenteur de l'immeuble signalé, qu'il convient d'adresser l'invitation de prendre connaissance du rapport déposé.

L'acte qui avertit la partie intéressée du dépôt du rapport à la mairie, doit lui faire savoir les heures pendant lesquelles aura lieu la communication.

Le rapport de la commission ne reste déposé qu'un mois au secrétariat de la mairie ; ce laps de temps est accordé, tout à la fois, pour prendre connaissance du rapport et fournir des observations ; mais le délai ne court que du jour où la partie intéressée reçoit l'avertissement du dépôt du rapport à la mairie. Cette invitation a donc besoin d'être constatée officiellement pour avoir date certaine ; la notification à personne ou à domicile est, en conséquence, de rigueur ; la remise de l'acte à domicile suffit, alors même que le destinataire est absent de la commune. Le certificat de notification doit contenir l'aveu de la réception, par la partie intéressée ou son représentant, de l'acte d'avertissement. En l'absence de récépissé, il y a lieu de constater le refus, par le destinataire ou son représentant, de signer le bulletin de notification. L'affirmation du maire fait foi jusqu'à preuve contraire, mais non jusqu'à inscription de faux. On ne serait, d'ailleurs, admissible à prouver que le défaut de notification. Si la partie ou son représentant refuse de recevoir l'avertissement même, le maire est obligé de certifier qu'il a verbalement adressé la mise en demeure de prendre connaissance du rapport dans le temps accordé par la loi.

Il faut entendre par délai d'un mois une durée de trente jours, sans quoi le temps accordé ne serait pas fixe, déterminé ; il pourrait varier depuis vingt-huit jusqu'à trente et un jours, selon que le délai partirait du 1er février ou du 1er janvier, du 1er mars, etc.

A l'expiration du mois, le maire certifie que le rapport est demeuré déposé conformément à la loi.

23. Les observations du propriétaire peuvent être adressées au maire ou remises au secrétariat de la mairie ; dans ce dernier cas, on a le droit d'en exiger récépissé.

Si l'individu contre qui l'instruction est suivie décline toute responsabilité, c'est à lui qu'incombe le soin de faire redresser l'erreur commise par l'administration, dans la désignation de la personne présumée responsable de l'insalubrité.

Lorsqu'il s'agit d'une erreur de fait, il suffit de la signaler à l'administration pour que celle-ci la rectifie, si elle est démontrée, et reprenne l'instruction contre la véritable partie intéressée. Mais si l'exception d'irresponsabilité repose sur une prétention de droit, celui qui la soulève est obligé, soit de dénoncer immédiatement au tiers, qu'il suppose responsable, l'information ouverte par l'autorité municipale, soit de faire connaître au maire le nom et le domicile de la personne qui devrait être mise en cause ; dans ce dernier cas, il convient que l'administration appelle le tiers désigné, afin de le mettre à même de se défendre ; mais le délai d'un mois n'est pas pour cela étendu.

C'est en recevant notification de la mise en demeure de prendre connaissance du rapport, que la partie assignée doit décliner toute responsabilité et indiquer à qui elle incombe ; le retard apporté dans l'envoi de ces renseignements est aux risques et périls de celui qui les fournit ; l'action administrative ne saurait être, ici, entravée ni suspendue par des incidents de cette nature.

Réciproquement, un tiers intervenant, qui soutiendrait être propriétaire ou usufruitier de l'immeuble présumé insalubre, serait recevable à demander communication du rapport de la commission, l'autorité administrative ne pouvant se faire juge de l'existence ou de l'étendue des droits allégués. (*Voir n° 33.*)

L'acquiescement donné aux conclusions de la commission ne dispense pas de faire statuer le conseil municipal, car la décision de cette assemblée est indispensable pour obtenir une condamnation ultérieure contre la partie intéressée, si elle manque à son engagement.

ART. 5. — A l'expiration de ce délai, les rapports et observations seront soumis au conseil municipal, qui déterminera :

1° Les travaux d'assainissement et les lieux où ils devront être entièrement ou partiellement exécutés, ainsi que les délais de leur achèvement ;

2° Les habitations qui ne sont pas susceptibles d'assainissement.

24. Le vœu de la loi de 1850 n'est pas que le rapport de la commission soit placé, dans tous les cas possibles, sous les yeux du conseil par le maire ; les termes de l'art. 5 de cette loi supposent que le conseil municipal est appelé à statuer seulement sur les affaires qui ont exigé la communication du rapport à la partie intéressée ; or, si les conclusions de la commission sont négatives, si, d'ailleurs, le maire ne s'oppose pas à la solution proposée, le dépôt et la communication du rapport n'ont pas d'objet, et il n'y a pas lieu de continuer l'instruction. De même, le maire n'est pas obligé d'accomplir les formalités prescrites par les art. 4 et 5 de la loi de 1850, s'il ressort de l'avis e la commission que l'insalubrité tient à des circonstances qui permettent d'agir contre le propriétaire ou l'usufruitier par les moyens ordinaires de police municipale, sauf aux parties intéressées à attaquer, devant qui de droit, pour cause d'incompétence, l'arrêté pris par le maire,

et à soutenir qu'il doit être procédé, contre elles, d'après les dispositions de la loi de 1850.

25. Le conseil municipal a reçu pour mission de concilier l'intérêt de la salubrité avec les ménagements dus à la propriété ; en conséquence :

1° Il n'est pas lié par l'opinion des hommes de l'art, alors même que le propriétaire ou l'usufruitier n'aurait point présenté d'observation sur le rapport de la commission, le silence et l'abstention ne pouvant être ici regardés comme constituant un acquiescement ;

2° Il peut, soit n'adopter qu'une partie des mesures qui lui sont proposées, soit y substituer d'autres mesures, pourvu qu'elles s'appliquent exclusivement aux localités sur lesquelles a porté l'ensemble de l'instruction.

L'art. 4 de la loi ne s'étend point par analogie aux changements que le conseil croit devoir introduire dans les moyens d'assainissement adoptés par la commission ; ces changements sont censés le résultat de l'examen qu'il a fait des dires respectifs des gens de l'art et du propriétaire ou de l'usufruitier.

L'exercice du pouvoir d'initiative du conseil ne préjudicie en rien à la partie intéressée, qui peut user de son droit de recours si les modifications arrêtées ne la satisfont pas.

26. L'autorité du conseil municipal, en matière de travaux d'assainissement, dans les habitations insalubres a, par contre, des limites qu'il importe de bien déterminer.

27. Tout d'abord, le conseil doit examiner s'il a été compétemment saisi et, en outre, si l'instruction qui précède sa décision est régulière.

Dans les communes où le décret du 26 mars 1852 est exécutoire, il convient de rechercher depuis quelle époque est élevé un bâtiment signalé comme insalubre. En effet, les art. 3 et 4 de ce décret sont ainsi conçus :

Tout constructeur de maison, avant de se mettre à l'œuvre..... devra..... adresser à l'administration un plan et des coupes cotés des constructions qu'il projette, et se soumettre aux prescriptions qui lui seront faites dans l'intérêt de la sûreté publique et de la salubrité.

Vingt jours après le dépôt de ces plans et coupes..... le constructeur pourra commencer les travaux d'après son plan, s'il ne lui a été notifié aucune injonction.

Lorsque des constructions sont d'une date récente, que le plan, conformément au décret précité, en a été soumis à l'administration et n'a soulevé aucune objection de sa part, le propriétaire ne saurait être poursuivi, à raison de l'insalubrité résultant de dispositions déjà figurées sur le plan produit par lui avant de bâtir ; il n'encourt la responsabilité prévue par la loi de 1850 que si un fait nouveau est survenu, en dehors des indications du plan de l'édifice. Ainsi, la mauvaise qualité des matériaux, le changement, en cours d'exécution, des aménagements intérieurs, la couverture des cours, etc., sont autant de circonstances qui permettent de sévir, malgré l'approbation implicite du plan soumis à l'autorité municipale.

On raisonnerait de même à l'égard des écoles libres. En effet, la loi du 15 mars 1850, sur l'instruction publique, porte :

Art. 27. — Tout instituteur qui veut ouvrir une école libre doit, préalablement, déclarer son intention au maire de la commune où il veut s'établir, lui désigner le local..... Si le maire refuse d'approuver le local, il est statué, à cet égard, par ce conseil (*académique, aujourd'hui le conseil départemental*).

Art. 60. — Tout Français..... peut former un établissement d'instruction secondaire, sous la condition de faire au recteur de l'académie où il se propose de s'établir, les déclarations prescrites par l'art. 27, et, en outre, de déposer entre ses mains les pièces suivantes : .....

3° Le plan du local.....

Art. 64. — Pendant le mois qui suit le dépôt des pièces requises par l'art. 60, le recteur, le préfet et le procureur impérial peuvent se pourvoir devant le conseil académique (*départemental*) et s'opposer à l'ouverture de l'établissement, dans l'intérêt..... de la santé *des élèves.*

Ainsi, lorsque l'école est ouverte, le maire et le conseil municipal n'ont plus à intervenir dans l'intérêt de la santé des élèves et ne peuvent appliquer la loi du 13 avril 1850, qu'au cas où l'insalubrité affecterait la santé de l'instituteur et de sa famille ; il serait possible, dans certains cas, que le logement de l'instituteur fût malsain et que les salles où se donne l'enseignement se trouvassent dans de bonnes conditions hygiéniques ; or, comme l'opposition à l'ouverture de l'école doit être formée au point de vue de la santé des élèves et non de celle de l'instituteur, l'expiration du délai fixé pour cette opposition ne met pas obstacle à la répression ultérieure de l'insalubrité, en tant qu'elle peut porter atteinte à la vie ou à la santé de l'instituteur.

La loi du 13 avril 1850 n'admet, pour remédier à l'insalubrité d'un logement, qui est le fait du propriétaire ou de l'usufruitier, que l'exécution de travaux *à l'intérieur de ce logement* ou de ses dépendances.

Par suite, le conseil municipal excéderait ses pouvoirs en prescrivant, dans le but d'assainir un logement, la démolition de constructions qui obstrueraient l'air et la lumière : la seule mesure à prendre, en pareil cas, consisterait à déclarer le logement non susceptible d'assainissement.

Mais si les constructions dont le voisinage et la hauteur empêchent la circulation de l'air et de la lumière sont mitoyennes ou dépendent d'une autre propriété que celle dans laquelle est compris le logement rendu malsain, elles constituent l'une des causes extérieures et permanentes d'insalubrité, qu'on ne peut faire disparaître qu'à l'aide de l'expropriation. (*Voir l'art.* 13.)

29. Le conseil municipal n'est point investi du pouvoir de faire des règlements au sujet de la salubrité des habitations ; il ne saurait donc procéder par voie de mesures générales, et notamment décider qu'il y a lieu de forcer les propriétaires de toutes les maisons à établir, dans leurs héritages, certaines

améliorations hygiéniques, inviter le maire à s'enquérir des immeubles où ces améliorations n'auraient pas été réalisées, ni se déterminer, dans les affaires dont il est saisi, d'après des considérations indépendantes des circonstances susceptibles de faire varier l'application des lois de la salubrité.

30. Toute délibération du conseil municipal prescrivant des travaux d'assainissement fixent le délai imparti, non pour les commencer, mais pour les achever ; le temps accordé doit être déterminé eu égard à la nature, à l'importance et à l'urgence des travaux ordonnés.

La délibération ne pouvant être prise qu'avec certains éléments essentiels d'instruction et d'examen, il est nécessaire qu'elle en contienne la trace et, par conséquent, qu'on y trouve visés : 1° le rapport de la commission ; 2° les observations de la partie intéressée ou, à défaut d'observations, les certificats constatant le dépôt du rapport, pendant un mois, au secrétariat de la mairie, et la mise en demeure d'en prendre connaissance ; 3° les noms des conseillers municipaux qui ont délibéré.

Il ne suffit pas que le propriétaire ait fourni des observations ou ait été mis à même de se défendre ; il faut encore la preuve que le conseil municipal a eu sous les yeux, avant de statuer, les résultats de l'instruction ; cette preuve consiste, précisément, dans la déclaration du conseil, qu'il a vu les pièces constatant l'accomplissement des formalités préalables à sa décision ; le conseil doit aussi reconnaître et déclarer que l'insalubrité dépend d'un fait engageant la responsabilité du propriétaire ou de l'usufruitier, *quel qu'il soit*.

Mais la délibération n'a pas à mentionner les noms des personnes qui auront à exécuter les travaux d'assainissement ; il peut y avoir litige sur la question de responsabilité, et le conseil, en désignant les personnes tenues de se conformer à sa décision, semblerait préjuger les droits et obligations contestés ; il ferait, d'ailleurs, en réalité, un acte susceptible d'être, *in parte quâ*, contrarié et détruit par une sentence ultérieure des tribunaux civils. (*Voir n° 32.*)

31. On a vu plus haut (n° 6) que les délibérations relatives à la mise en vigueur de la loi du 13 avril 1850, dans une commune, étaient exécutoires sans avoir été revêtues d'aucune approbation ; il en est de même de celles qui interviennent, dans la suite, pour appliquer cette loi dont l'article 6 qualifie de *décisions* les actes du conseil municipal.

32. Les délibérations du conseil sont notifiées par les soins du maire, dans la même forme que les invitations de prendre connaissance des rapports de la commission. (*Voir n° 22*).

Il est à propos d'adresser la notification des délibérations non-seulement aux personnes qui avaient été primitivement mises en cause par l'administration, mais encore à celles qui y ont été appelées ou sont intervenues comme propriétaires ou usufruitiers.

Au moyen de cette procédure, il est facile d'éviter que l'individu à qui aura été attribué, ultérieurement, le titre contesté, ne prétexte ignorance des prescriptions administratives.

33. Mais si la qualité des personnes n'est pas déniée ; s'il surgit des réclamations portant uniquement sur l'étendue de la responsabilité qu'entraîne le titre de propriétaire ou d'usufruitier, le maire est compétent pour statuer, sauf tout recours de droit ; en effet, il se borne, en pareil cas, à appliquer une loi de police dont l'exécution lui est confiée sous le contrôle de la juridiction administrative.

34. La règle de conduite du maire, pour la direction des poursuites, soit contre le propriétaire, soit contre l'usufruitier, se trouve dans les articles ci-après du Code Napoléon :

ART. 605. L'usufruitier n'est tenu qu'aux réparations d'entretien Les grosses réparations demeurent à la charge du propriétaire, à moins qu'elles n'aient été occasionnées par le défaut de réparations d'entretien, depuis l'ouverture de l'usufruit, auquel cas l'usufruitier en est aussi tenu.

Aʀт. 606. — Les grosses réparations sont celles des gros murs et des voûtes, le rétablissement des poutres et des couvertures entières, celui des digues et des murs de soutènement et de clôture aussi en entier.

Toutes les autres réparations sont d'entretien.

Le défaut d'entretien ne se présume pas; c'est donc en tenant compte seulement de la nature des travaux qu'il y a lieu de s'adresser au propriétaire ou à l'usufruitier.

S'il s'élève des contestations sur la négligence apportée dans l'entretien, la procédure à suivre est celle qui a été indiquée au n° 23.

35. La loi ne fait peser, en principe, l'obligation d'assainir les logements insalubres que sur le propriétaire ou l'usufruitier, et non sur l'usager, parce qu'elle se réfère, tacitement, aux art. 631 et 634 du Code Napoléon, qui réduisent les droits d'usage et d'habitation à une jouissance personnelle et incessible; mais si le titre qui a établi ces droits en étend la portée, et permet à l'usager de louer les localités qui lui sont concédées, celui-ci devient responsable à l'égal de l'usufruitier, car, d'après l'art. 635 du Code Napoléon :

Si l'usager absorbe tous les fruits du fonds, ou s'il occupe la totalité de la maison, il est assujetti aux frais de culture, *aux réparations d'entretien* et au payement des contributions, *comme l'usufruitier.*

S'il ne prend qu'une partie des fruits, ou s'il n'occupe qu'une partie de la maison, il contribue au prorata de ce dont il jouit.

36. L'usufruit et l'usage sont les seuls services personnels, emportant démembrement de la propriété immobilière, que la loi civile ait définis; mais la faculté de disposer, reconnue au propriétaire, lui permet de consentir, sur ses biens, l'exercice d'autres droits variables en faveur des tiers; tels sont le droit de bâtir et l'emphytéose.

On rencontre assez souvent, dans l'application de la loi du 13 avril 1850, des difficultés qui tiennent à cette division de la propriété ; nous allons les étudier successivement.

37. L'art. 546 du Code Napoléon déclare que :

La propriété d'une chose, soit mobilière, soit immobilière, donne droit sur tout ce qu'elle produit et sur ce qui s'y unit accessoirement, soit naturellement, soit artificiellement.

Ce droit s'appelle *droit d'accession.*

En matière foncière, c'est le sol *végétal* qui constitue l'élément principal ; les richesses qui se trouvent au-dessous, à quelque profondeur que ce soit, les oūvrages qui s'élèvent au-dessus de la surface sont des *accessoires.*

Mais ces accessoires peuvent être distraits du principal par la volonté de la loi ou les conventions des parties, au point de vue de la simple jouissance et même de la propriété. C'est ainsi que les mines forment, d'après la loi du 21 avril 1810, un domaine distinct indépendant du sol végétal qui lui est superposé.

L'art. 546 du Code Napoléon ne doit donc être regardé que comme établissant, en faveur du maître de la surface du sol, une présomption qu'un titre légal ou conventionnel peut détruire ou modifier.

Cela résulte, au surplus, de l'art. 553, lequel dispose que :

Toutes constructions, plantations et ouvrages sur un terrain ou dans l'intérieur sont présumés faits par le propriétaire, à ses frais, et lui appartenir, *si le contraire n'est prouvé.*

La loi admet donc que la propriété des constructions élevées sur un terrain peut appartenir à un autre que le détenteur du sol ; on en trouve aussi la preuve dans l'art. 34 de la loi de finances du 15 septembre 1807 :

Les matrices des rôles des communes cadastrées seront divisées en deux cahiers : le premier contiendra les propriétés non bâties ; le second contiendra l'estimation des maisons et bâtiments, *déduction faite de la valeur estimative de la superficie qu'ils occupent.*

Il ne reste plus, dès lors, qu'à examiner à quels caractères se reconnaît l'existence de cette double propriété.

38. Aux termes de l'art. 555 du Code Napoléon,

Lorsque les plantations, constructions et ouvrages ont été faits par un tiers et avec ses matériaux, le propriétaire du fonds a droit, ou de les retenir, ou d'obliger ce tiers à les enlever.

Quatre cas principaux se présentent dans l'application de ce principe.

39. Lorsqu'un terrain est loué avec l'obligation, pour le preneur, d'y ériger à ses frais des bâtiments destinés à subsister après l'expiration du bail, et que cette stipulation est faite dans l'intérêt du bailleur, pour augmenter la valeur de son immeuble, les constructions deviennent immédiatement la propriété de celui-ci, alors même qu'elles sont données en jouissance au locataire constructeur pour toute la durée du bail ; ainsi l'a jugé la Cour de Cassation, par un arrêt du 2 juillet 1851 (*Thirion*) :

Attendu que, s'il est vrai que les bâtiments élevés par le locataire, sur le terrain qui lui a été loué à bail, constituent, par eux-mêmes, une propriété immobilière..... il y a lieu, néanmoins.... . de tenir compte des circonstances de la transmission opérée..... que, suivant les conditions du bail..... Thirion, propriétaire du sol, était propriétaire, sans indemnité, de toutes les constructions élevées par Guien, son locataire, du jour même où ces constructions étaient élevées ; qu'il résulte même de ces conventions que les constructions étaient élevées pour le compte et au profit du bailleur ; qu'en conséquence, Guien ne pouvait avoir et n'avait pas, sur ces constructions, un droit de propriété, mais seulement un droit de jouissance.

Il n'est pas nécessaire que l'attribution immédiate, au bailleur, de la propriété des constructions faites par le locataire, soit mentionnée expressément dans le bail ; il suffit qu'elle ressorte de l'ensemble des clauses de la convention pour que le détenteur du sol soit mal fondé à soutenir qu'il n'est pas responsable de l'insalubrité des constructions élevées par son locataire ; c'est ce qui résulte d'un décret rendu au contentieux, le 7 avril 1865 (*de Madre*) :

Considérant qu'il résulte des dispositions des art. 1er, 7, 10 et 13 de la loi du 13 avril 1850, que les travaux que les conseils municipaux prescrivent pour l'assainissement des logements insalubres mis en location, doivent être exécutés par le propriétaire ou par l'usufruitier et à ses frais ; que le sieur de Madre reconnaît qu'il est propriétaire de la maison située rue Sainte-Marie-du-Temple, n° 9, bien qu'elle ait été construite par le sieur Merlin, son locataire, et que le requérant ne conteste ni l'opportunité, ni la nature des travaux qui ont été reconnus nécessaires à l'assainissement de ladite maison ; que, dans ces circonstances, c'est avec raison que le conseil de préfecture a rejeté la réclamation du sieur de Madre contre la décision par laquelle le conseil municipal de la ville de Paris a prescrit l'exécution desdits travaux et les a mis à sa charge.

La requête du sieur de Madre est rejetée.

40. Si le locataire reçoit, dans le bail, la faculté d'édifier des constructions qui doivent rester, à la fin de la jouissance, au détenteur du sol, moyennant un prix fixé d'avance ou à débattre ultérieurement, il y a lieu de considérer les bâtiments comme établis dans l'intérêt commun des parties contractantes. Le propriétaire du sol est censé calculer le prix de location de són terrain de manière à avoir amorti, au moins en partie, lors de l'expiration du bail, le capital à rembourser au constructeur ; celui-ci est présumé, de son coté, trouver dans les bénéfices que lui procure l'exploitation des bâtiments qu'il a élevés, une compensation de ses charges locatives.

Il y a un profit évident, pour le bailleur, à ne se libérer qu'au bout d'un certain nombre d'années, et sans intérêts, du montant de travaux qu'il aurait été obligé de solder à bref délai, s'il les eût fait exécuter directement.

Par suite, c'est à tort qu'on prétendrait trouver, dans ces engagements réciproques des parties, l'indice d'un droit de propriété en faveur du locataire constructeur : ce dernier est, quant à la nature de ses droits, constitué créancier d'une somme représentative du prix des ouvrages qu'il est tenu de livrer à une époque déterminée ; il devient, par les actes accomplis, un véritable entrepreneur, puisqu'il bâtit, en réalité, pour le compte du propriétaire et lui fait une avance remboursable au bout d'un certain temps.

Il a été rendu, dans ce sens, par la Cour de Cassation, deux arrêts ; le premier, en date du 14 février 1849 (*Berger*), est ainsi conçu :

« Attendu que la question soumise à la Cour n'est pas celle de savoir quelle est la nature des constructions…, et si elles sont meubles ou immeubles, *mais sur la tête de qui repose la propriété immobilière* ; attendu qu'il est de principe que la propriété du sol emporte la propriété du dessus et du dessous ; que les constructions, élevées sur un terrain, sont présumées faites par le propriétaire et à ses frais, et lui appartenir, si le contraire n'est prouvé ; et que, lorsque les constructions ont été faites par un tiers et avec ses matériaux, le propriétaire du fonds a droit ou d'obliger ce tiers à les enlever, ou de les retenir en remboursant la valeur des matériaux et le prix de la main-d'œuvre au constructeur ; que ces dispositions des art. 552, 553 et 555 ne sont que le développement de la maxime : *Ædificia solo cedunt* ; attendu que, dans l'espèce, il avait été formellement stipulé qu'à l'expiration du bail, Salomon devait reprendre les constructions faites par Simonin, en payant à ce dernier le prix, qui serait réglé par experts ; qu'en ces circonstances, Salomon a pu être considéré comme propriétaire des constructions élevées par le locataire et que, dès lors, en jugeant que ces constructions n'ont pas pu être saisies immobilièrement sur ce dernier, l'arrêt attaqué, loin de violer les art. 518 et 2118 du Code civil, en a fait une juste application ; rejette le pourvoi. »

Le second arrêt, du 8 juillet 1851 (*Javal*), est encore plus formel :

« Attendu… que, dans l'espèce, l'acte notarié passé entre les parties est qualifié *contrat de bail… et qu'il en présente les caractères dominants* ; attendu que le droit, donné par l'acte au preneur de faire des constructions sur l'immeuble loué, ne peut être considéré comme lui attribuant un droit de propriété quelconque, partielle ou éventuelle, sur lesdites constructions, *mais seulement comme un supplément au prix du bail, devant tourner au profit du bailleur dans un temps et sous des conditions déterminées ;* attendu que le droit de détruire ces constructions pendant les **26** premières années du bail, et l'obligation de les conserver pendant les **10** dernières années, sont des conventions accessoires et secondaires, qui ne sauraient dénaturer l'objet principal du contrat, ni impliquer aucune attribution au preneur d'un droit de propriété sur lesdites constructions, dans le sens de l'art. **544** du Code civil... que les clauses dont s'agit n'ont jamais dû entraîner pour le preneur la propriété du sol en cas de démolition ; *attendu que le droit de démolir pendant un temps limité ne saurait, à lui seul, constituer le droit de propriété,* d'après l'art. **544** du Code civil ; attendu que, dès lors, en attribuant à un bail le caractère et les effets d'une convention translative de la propriété, et en faisant peser sur le locataire une charge qui... devait frapper uniquement le propriétaire, l'arrêt attaqué a faussement interprété et par suite violé les art. **544** et **1700** du Code civil, et le décret du **16** mars **1848** ; casse... »

Dans le cas dont il s'agit, l'assainissement des habitations insalubres doit donc être poursuivi contre le propriétaire du sol.

Il est vrai que la jurisprudence établie par les deux décisions de 1849 et de 1851 a changé, depuis, comme l'atteste un arrêt de la Cour suprême du 22 novembre 1864 (*Loiseau*) :

« Attendu, en droit, qu'en admettant que la disposition de l'art. **555** du Code Napoléon soit conciliable avec les principes généraux qui régissent le bail, et que le propriétaire puisse exercer, dans toute sa rigueur, à l'encontre de son fermier, le droit que lui donne cet article de retenir les constructions élevées par un tiers, sur son fonds, sous la seule condition de rembourser la valeur des matériaux et le prix de la main-d'œuvre, ce droit ne s'ouvre, pour lui, qu'au jour où cesse le bail...; que, jusque-là, la jouissance, qu'il a transmise à son fermier et qu'il est tenu de lui garantir, ne serait ni libre ni complète, si, en invoquant un droit immédiatement acquis par lui sur les changements de constructions qu'il a pu faire, dans le but d'approprier les lieux à la destination pour laquelle ils lui ont été loués, il pouvait l'empêcher d'en disposer à son gré durant le cours du bail et d'y apporter aucune des modifications que lui paraîtraient exiger les convenances et ses intérêts.

Sans rechercher si cet arrêt n'a pas été dicté par les circonstances de l'espèce à laquelle il se rapporte, ou s'il ne semble pas indiquer, chez ses auteurs, l'intention préconçue de réduire le droit d'accession à des limites qui le rendent illusoire, nous ferons remarquer que la Cour suprême a posé des prémisses inexactes.

En effet, lorsqu'on loue un terrain, purement et simplement, il n'y a rien dans cette concession de jouissance qui implique la transmission du droit qu'aurait le propriétaire d'élever des bâtiments sur le sol qu'il permet d'occuper ; pour opérer une telle transmission, il faut que le bail assigne à la jouissance un but précis, un usage déterminé, qui nécessitent l'établissement de constructions ; et, même dans ce cas, la faculté donnée au preneur n'a pas pour conséquence d'étendre l'objet du bail ; elle n'autorise point, par suite, à fouiller *l'intérieur* du sol, pour y asseoir des fondations, mais confère uniquement le droit d'élever des constructions légères adhérentes à la superficie sans être fixées au fonds ; et les ouvrages installés par le locataire sont alors réputés meubles, selon l'esprit de l'article 531 du Code civil. Toute extension au droit de bâtir ainsi défini ne se présume pas et doit être inscrit dans le bail ; elle constitue, non plus un accessoire de la jouissance locative, mais un démembrement à titre onéreux, ou une délégation conditionnelle de la propriété. Dès lors, quand le contrat garde le silence sur tout démembrement ou délégation de cette nature, le locataire qui construit sur fondation commet une entreprise illicite et s'expose à une revendication immédiate des ouvrages de la part du maître du sol.

41. Quand il résulte des termes du contrat que le payement des constructions, à la fin du bail du terrain qu'elles recouvrent, a été stipulé par le constructeur, le propriétaire du sol, en acceptant cette clause, ne fait pas usage de son droit d'accession ; il subit, pour tirer un plus grand revenu de son terrain, une condition sans laquelle le locataire n'aurait peut-être pas immobilisé, momentanément, des capitaux pour se livrer à une exploitation.

C'est à cet ordre d'idées que se réfère un arrêt de la Cour de Paris, du 30 mai 1864 (*Lamadou*) :

Considérant.... que s'il résulte de la combinaison des art. 551, 553 et 555 du Code Napoléon, que le propriétaire d'un terrain soit en droit de réclamer, comme lui appartenant, en vertu du droit d'accession conféré par ces articles, les constructions qu'un tiers a élevées sur ce terrain, à ses propres frais et avec ses matériaux, ce droit est personnel au propriétaire et n'existe qu'à l'état d'une simple faculté, à l'exercice de laquelle il est libre de renoncer ; qu'en conséquence, lorsqu'il ressort des conventions intervenues entre lui et le tiers constructeur, et particulièrement d'une convention de bail, que l'on a renoncé, ne fût-ce même que pour un temps, au bénéfice du droit d'accession sur les constructions élevées par l'autre, il est hors de doute que la propriété desdites constructions réside foncièrement sur la tête de celui-ci, jusqu'à l'époque fixée soit pour leur démolition, soit pour l'acquisition que le propriétaire du sol s'est réservé d'en faire, moyennant un prix à payer par lui ; qu'aussi longtemps que, sous l'empire des conventions intervenues, dans la période de jouissance du tiers locataire ou simple détenteur qui a élevé les constructions, ce dernier, ayant une jouissance de propriétaire, quant à ces constructions, peut en disposer à son gré, notamment les soumettre, au profit d'autrui, à une affectation hypothécaire efficace.

Il a été statué d'une manière analogue par un arrêt de la même Cour, du 27 août 1864 (*Société de crédit suisse*).

Le Conseil d'État s'est prononcé, au point de vue de la contribution foncière, dans le sens de ces décisions, par un arrêt du 26 juin 1866 (*Gouaux*) :

Considérant.... que les bâtiments à raison desquels le sieur Gouaux a été imposé à la contribution foncière, ont été construits par lui et à ses frais sur le terrain qui lui est loué par le sieur Porcher, et que lesdits bâtiments ne deviendront la propriété de celui-ci qu'à l'expiration du bail et après qu'il en aura payé la valeur par une estimation contradictoire; que, dès lors, le sieur Gouaux n'est pas fondé à soutenir que le sieur Porcher doive être considéré, dès aujourd'hui, comme propriétaire de ces bâtiments, et, comme tel, assujetti à la contribution foncière afférente à ces bâtiments.

Dans le cas où le constructeur, propriétaire de ses bâtiments, les occupe entièrement, il ne peut être contraint de les assainir ; mais s'il en cède la jouissance à des tiers, s'il admet, à des titres onéreux, des habitants dans les localités qu'il possède, rien ne s'oppose à ce que l'insalubrité de ces localités soit poursuivie, conformément à la loi de 1850.

42. Il arrive, parfois, que les constructions élevées par un locataire et à ses frais ont, principalement, une destination industrielle et font, en quelque sorte, partie intégrante du matériel de l'exploitation ; à moins de clause contraire, elles appartiennent, alors, à celui qui les utilise, quand même il aurait été convenu qu'à la fin du bail elles resteraient au propriétaire du sol.

C'est ce qu'a décidé le Conseil d'État par un arrêt du 13 février 1856 (*Fresnais de Coutard*) :

Considérant... que les bâtiments à raison desquels la compagnie Fresnais de Coutard a été imposée, ont été construits, par cette compagnie, à ses frais, risques et périls, et que c'est seulement à l'expiration du marché.... que l'usine, comprenant les constructions faites par la compagnie.... deviendra la propriété de l'État; qu'ainsi le sieur Fresnais de Coutard est mal fondé à soutenir que l'État serait, dès aujourd'hui, propriétaire de ces bâtiments, et que, par suite, la compagnie qu'il représente ne pourrait être assujettie à la contribution foncière à raison de cette usine.

Il a été statué, dans un sens analogue, par un arrêt du 24 juin 1857 (*Roanne*).

A plus forte raison, les constructions faites par le locataire, en vertu des droits qu'il tient de son bail, sont-elles sa propriété s'il n'a pas été stipulé qu'elles dussent demeurer après l'expiration du bail.

Un décret rendu au contentieux, le 7 janvier 1857 (*dame Ledieu*), l'a ainsi jugé, par les motifs suivants :

Considérant que, d'après l'art. 5 de la loi du 3 frimaire an vii, la contribution foncière a pour base le revenu net et ne doit atteindre que ce qui reste au propriétaire, déduction faite sur la valeur locative des frais d'entretien et de réparation ;

Que si le locataire, depuis son entrée en jouissance, a fait des constructions et des travaux d'appropriation, il n'est pas même allégué qu'il se fût engagé à effectuer les travaux d'amélioration précités, ni que ces travaux doivent rester, en fin de bail, et sans indemnité, la propriété de la dame Ledieu ; que dans ces circonstances, les ouvrages dont il s'agit ne peuvent être considérés comme venant en augmentation du revenu de la dame Ledieu ; que, dès lors, c'est à tort que ladite dame a été imposée et maintenue à la contribution foncière pour la maison dont il s'agit, à raison d'un revenu matriciel de 450 fr.

La contribution foncière sera rétablie d'après un revenu matriciel de 300 fr.

43. Lorsqu'un locataire n'est autorisé à bâtir sur le terrain qu'il reçoit en jouissance qu'à la charge de remettre les lieux, à la fin de son bail, dans l'état où ils étaient au moment de sa prise de possession, on en doit conclure que le propriétaire du sol renonce à exercer son droit d'accession. Ce principe a été consacré par un arrêt de la Cour de Cassation du 7 avril 1862 (*Ménard contre Souty*) :

Attendu que si, aux termes des art. 546, 551, 553 et 555, du Code Napoléon, des constructions édifiées sur le terrain d'autrui sont réputées appartenir au propriétaire de ce terrain, alors même qu'il est prouvé qu'elles ont été faites par un tiers et à ses frais, cette exception, qui n'est que l'application de la maxime : *Ædificia solo cedunt*, n'est pas absolue ; qu'elle cède à la preuve contraire et que toutes les fois que, par suite des conventions intervenues entre les parties, il est démontré que le maître du sol a entendu renoncer au bénéfice du droit d'accession sur ces constructions, le tiers qui les a élevées avec ses matériaux en reste propriétaire *jusqu'à l'époque fixée pour leur démolition.*

Toutefois, si l'insalubrité est causée par la nature du sol, ou par sa disposition vicieuse, soit dans le bâtiment, soit dans les parties de terrain environnantes, par exemple, si le sol a besoin d'être desséché, si l'écoulement des eaux n'y est pas bien ménagé, le propriétaire bailleur est tenu de pourvoir à l'assainissement, à raison de ces genres d'insalubrité.

43. L'emphytéose n'est pas un simple bail, mais un véritable démembrement de la propriété au profit d'un tiers ; le Code Napoléon n'en parle point ; on ne trouve sa définition que dans la jurisprudence et la doctrine ; la Cour de Cassation l'appelle *un domaine utile* (arrêts des 26 juin 1822 et 19 juillet 1832), *une propriété temporaire* (arrêts des 1er avril 1840 et 24 juillet 1843), un *quasi-domaine* (arrêts des 12 mars 1845, 24 août 1857 et 11 novembre 1861) ; en voici les caractères tels qu'ils sont exposés dans deux arrêts des 6 mars 1861 (*Vallot*) et 11 novembre 1861 (*Hamelin*) :

Attendu que la durée d'un bail et l'obligation imposée au preneur d'élever des constructions sur la chose louée et d'y faire, à ses frais, des améliorations qui, à l'expiration du temps fixé, reviendront au bailleur, sans indemnité, ne suffisent pas pour le distinguer du bail ordinaire qui n'exclut pas des stipulations de cette nature ; que le bail emphytéotique a sa nature et produit des effets qui lui sont propres ; qu'à la différence du bail ordinaire, il opère un démembrement de la propriété, entre le bailleur et le preneur, et transmet à celui-ci un droit réel, susceptible, comme la propriété elle-même, d'être donné, vendu, hypothéqué ou autrement aliéné, sous la seule réserve des droits du bailleur ; que ce droit de libre disposition constitue l'un des caractères essentiels de l'emphytéose....

Le locataire à bail emphytéotique est donc propriétaire des constructions qu'il élève, comme l'a reconnu un arrêt de la Cour de Cassation du 6 mars 1850 (*Ducatel*) :

Attendu que l'effet d'un tel bail est d'opérer la division de la propriété du domaine laissé à bail en deux parties : l'une, que conserve le bailleur et dont la rente qu'il retient est représentative ; l'autre, qui se compose de la jouissance des fruits qu'il produit et qui appartient au preneur ; que le preneur possède le droit qui lui est transmis par l'effet de cette division, comme propriétaire, pouvant, pendant la durée du bail, en disposer par vente, donation, échange ou autrement, et le donner en hypothèque, avec la charge, toutefois, des droits du bailleur, à exercer seulement à la fin du bail; que les constructions que le preneur élève sur ce domaine sont, comme la jouissance du domaine lui-même, sa propriété pendant tout le cours du bail.

Le Conseil d'État qui, depuis très-longtemps a envisagé l'emphytéose de la même manière que la Cour de Cassation, a tiré des principes cette conséquence assez évidente, d'ailleurs, que la contribution foncière des héritages possédés à titre emphytéotique est à la charge du preneur; c'est ce qui ressort d'un avis du 21 janvier 1809, approuvé le 2 février suivant :

Considérant que le payement des contributions étant une charge inséparable de la propriété utile, il ne doit être supporté que par celui qui en jouit, c'est-à-dire par le preneur ou ses ayants droit; que cette jurisprudence, conforme au droit commun, a été reconnue par une décision du ministre des finances, rendue le 10 avril 1792;

Est d'avis : 1° que les contributions imposées sur les propriétés tenues à bail emphytéotique doivent être à la charge de l'emphytéote, lors même qu'il n'a point été astreint expressément à ce payement par l'acte de bail....

Il a été fait application de cette règle par un décret rendu au contentieux le 14 juin 1855 (*Hautoy*).

On doit conclure de ce qui précède, qu'il y a lieu de poursuivre, le cas échéant, l'assainissement des logements insalubres contre l'emphytéote.

44. Quand les habitations signalées comme malsaines n'appartiennent pas au détenteur du sol, celui-ci ne saurait être mis en cause, concurremment avec le propriétaire des cons-

tructions, ni solidairement, ni comme civilement responsable du fait de son locataire.

La solidarité ne se présume point, et aucune disposition législative ne permet ici de la déclarer.

Quant à la responsabilité, elle ne s'applique, d'après la loi du 13 avril 1850, qu'à celui qui tire profit des constructions vicieuses, c'est-à-dire au propriétaire ou à l'usufruitier des bâtiments insalubres mis en location.

Il n'y a ni faute, ni imprudence, de la part du maître du sol, à avoir donné son terrain en location ou à y avoir établi une emphytéose, et on ne peut raisonnablement l'obliger à exercer un contrôle sur des ouvrages à la jouissance ou à la disposition desquels il ne possède aucun droit actuel.

45. Il peut se faire que le locataire d'un terrain ait bâti sans en avoir puisé le droit dans son bail, ni obtenu le consentement du propriétaire ; les ouvrages ainsi élevés, ayant un sort incertain, une durée précaire, ne sauraient être réputés immeubles ; s'ils ont besoin d'être assainis ou s'ils sont reconnus impropres à l'habitation , le maire doit en donner avis officiel au propriétaire du sol et le mettre en demeure de déclarer de quelle manière il entend user de la faculté d'option que lui confère l'art. 555 du Code Napoléon ; s'il exige l'enlèvement immédiat ou prochain des constructions, toute procédure devient sans objet ; s'il les laisse substituer, il faut qu'il crée à son locataire un titre qui rende ce dernier possesseur définitif des bâtiments, pour un temps déterminé. Si le détenteur du sol ne justifie d'aucun titre qui dégage sa responsabilité, en prouvant qu'il n'est pas propriétaire des constructions, il reste seul soumis aux conséquences de l'insalubrité reconnue.

46. En notifiant la délibération du conseil municipal, le maire enjoint de s'y conformer : ce point sera développé à l'occasion de l'art. 7.

ART. 6.— Un recours est ouvert aux intéressés contre ces décisions devant le conseil de préfecture, dans le délai d'un mois, à partir de la notification de l'arrêté municipal. Ce recours sera suspensif.

47. A ne consulter que les règles générales de la législation, ce serait à l'administration active que devrait être dévolue l'appréciation des mesures prescrites par le pouvoir municipal pour l'assainissement des habitations insalubres.

Mais, sans aucunement enlever aux actes pris, en cette matière, leur caractère purement administratif, on a voulu que les réclamations auxquelles ils donnent lieu fussent examinées et jugées dans les formes établies pour les affaires contentieuses, à raison de l'importance des intérêts engagés.

48. Le recours est ouvert aussi bien contre les arrêtés rendus par le maire, en vertu des délibérations du conseil municipal, que contre ces délibérations elles-mêmes, dont ils sont le complément.

49. Les individus que la loi considère comme intéressés au recours sont ceux sur qui elle fait peser les conséquences de l'insalubrité, c'est-à-dire les propriétaires ou usufruitiers, ainsi que cela résulte, d'ailleurs, de l'art. 7.

50. Lorsqu'il a été donné connaissance du rapport de la commission et de la délibération du conseil municipal, suivant les règles énoncées aux nᵒˢ 23 et 33, on n'est pas fondé à soulever, devant le conseil de préfecture, l'exception de litispendance ou de connexité, car l'instruction, ayant été contradictoire à l'égard de toutes les parties réellement intéressées ou prétendues telles, l'existence d'un différend relatif à la possession du titre de propriétaire ou d'usufruitier, ne doit plus avoir d'intérêt pour l'administration, qu'au moment où il s'agira de faire réprimer une contravention aux actes intervenus dans le but de faire cesser l'insalubrité.

Si les règles mentionnées aux nᵒˢ 23 et 33 n'ont pas été suivies, le conseil de préfecture est tenu d'en ordonner l'accomplissement, soit que l'individu mis en cause persiste à décliner le titre de propriétaire ou d'usufruitier, qu'on lui attribue, soit qu'un tiers se présente pour revendiquer l'un ou l'autre titre.

51. Le locataire d'un logement insalubre n'est point partie principale dans l'instruction relative à l'assainissement des localités qu'il habite ; par conséquent, il n'a point qualité pour former un recours contre une délibération du conseil municipal.

Mais, lorsqu'il a un bail dont la résiliation, quoique provoquée ou acceptée par lui, afin de sauvegarder sa vie ou sa santé, serait une cause de préjudice pour lui, le locataire, ayant intérêt au maintien d'une délibération attaquée, est recevable à intervenir pour défendre cette décision.

52. Le conseil municipal statue sur l'état des logements réputés insalubres, non pas comme syndicat d'une corporation d'habitants, constituée personne morale, mais bien comme assemblée concourant à l'exercice de la puissance publique ; il ne peut donc défendre, au nom de la commune, au recours formé devant le conseil de préfecture.

De son côté, le maire n'a point qualité pour se livrer, officiellement, à la critique des décisions du conseil municipal ; cela lui est d'autant moins permis, en matière d'assainissement des habitations, qu'il est obligé, par la loi, d'assurer l'exécution des délibérations intervenues.

Enfin, le préfet ne saurait, davantage, déférer à la justice administrative une délibération du conseil municipal, rendue pour l'exécution de la loi du 13 avril 1850, car les mesures à prendre, au sujet de la salubrité des constructions privées, ne rentrent pas dans la police confiée à la vigilance des autorités départementales : elles sont dans les attributions *propres au pouvoir municipal*, lesquelles sont seulement exercées sous le *contrôle* de l'autorité supérieure ; et ce contrôle se trouve dévolu, par la loi de 1850, au conseil de préfecture.

En aucune circonstance, et sous aucun prétexte, l'administration ne peut donc, par quelque organe que ce soit, saisir le conseil de préfecture dans un intérêt public, mais elle est recevable à agir selon le droit commun, dans le cas indiqué aux n⁰ˢ 11 et 51.

53. Le délai d'un mois, qui est accordé à la partie intéressée, pour attaquer la délibération du conseil municipal, ne commence qu'à dater de la notification qui lui en est faite par le maire. La déchéance résultant de ce que le pourvoi est introduit après l'expiration de ce délai légal, ne peut être prononcée qu'autant qu'il y a preuve certaine de notification régulière (conseil de préfecture de la Seine, 27 juillet 1864, *Terray de Morel-Vindé*). Si cette preuve demeure acquise, le conseil de préfecture est tenu de déclarer, d'office, le pourvoi non recevable.

54. Le recours des parties intéressées peut être formé pour incompétence, excès de pouvoirs, fausse application de la loi ou mal jugé.

55. La délibération du conseil municipal est susceptible d'annulation, pour cause d'incompétence, lorsqu'elle prescrit des mesures qui rentrent dans la police exercée par le maire ou le préfet : cet empiétement est, quelquefois, commis dans des circonstances délicates.

Ainsi, quand l'insalubrité d'un logement tient à l'absence ou à une disposition vicieuse de fosses d'aisance dans la maison, à l'insuffisance du nombre des privés, il appartient au maire, et non pas au conseil municipal, d'y remédier ; si, au contraire, un logement est malsain, à raison de l'emploi d'un système défectueux de privés (non pas de fosses), c'est par le conseil municipal qu'il doit être statué ; dans le premier cas, l'inconvénient affecte l'extérieur aussi bien que l'intérieur ; dans le second, il est limité à l'ensemble du logement.

Il peut arriver, encore, que le préfet ait autorisé une exploitation industrielle rangée dans la catégorie des établissements dangereux, incommodes ou insalubres, et que les bâtiments servant à l'exercice de la profession soient, concurremment, un lieu d'habitation ; si une cause d'insalubrité est signalée dans les constructions, il sera nécessaire, comme dans l'exemple précédent, de rechercher si elle est purement intérieure ou si elle étend ses effets au dehors.

56. L'omission de formes substantielles, dans le cours de l'instruction relative à l'assainissement d'une habitation, constitue un excès de pouvoirs qui entraîne la nullité de la délibération du conseil municipal et de l'arrêté d'exécution pris par le maire. Ces formes sont celles qui ont été mentionnées aux n°s 6, 13, 14, 16, 17, 20 à 23, 26, 30.

57. Il y aurait fausse application de la loi, de la part du conseil municipal, s'il prescrivait des travaux d'assainissement dans un logement considéré, à tort, comme soumis à la surveillance administrative, et il violerait la loi, si les mesures qu'il a ordonnées ne se trouvaient pas au nombre de celles que prévoit l'art. 5 de la loi de 1850.

Le maire ferait aussi une fausse application de la loi si lorsqu'il enjoint aux parties intéressées de se conformer à la délibération du conseil municipal, il méconnaissait les règles établies aux n°s 34 à 45.

58. L'existence, la cause, les effets et le remède de l'insalubrité sont susceptibles d'être remis en question, devant le conseil de préfecture qui, s'il ne se trouve pas suffisamment éclairé, peut ordonner un complément d'instruction.

Trois voies lui sont ouvertes pour obtenir les renseignements et éclaircissements nécessaires :

1° Le renvoi de l'affaire à la commission des logements insalubres, pour donner son avis sur certains points qu'elle aurait négligé de traiter ou pour préciser les faits et conclusions renfermés dans son rapport ;

2° La visite des lieux réputés insalubres, par un ou plusieurs membres du conseil, avec ou sans l'adjonction des personnes qui ont proposé les mesures attaquées ;

3° La communication du dossier au préfet, pour provoquer

l'avis de corps savants, tels que le conseil départemental d'hygiène, ou celui d'hommes spéciaux comme les ingénieurs et architectes des services publics.

Mais le conseil de préfecture ne saurait recourir à une expertise, car on a vu plus haut (n°⁵ 51 et 52) qu'en matière d'assainissement des habitations une seule partie est en cause, le propriétaire ou l'usufruitier ; or il y aurait injustice à lui faire supporter les frais d'une opération, qui n'était pas indispensable pour manifester la vérité, quand même son pourvoi serait rejeté ; à plus forte raison, si le recours était admis.

D'un autre côté, la commune, n'ayant pas défendu au recours, n'est point passible de dépens, dans le cas où la délibération du conseil municipal vient à être annulée.

59. De ce principe que les recours, en matière de logements insalubres, ne constituent pas un procès contre la commune, résulte l'inapplicabilité, à l'instruction de ces recours, de plusieurs dispositions du décret du 12 juillet 1865, concernant la procédure devant les conseils de préfecture. Ainsi, par exemple, la requête introductive n'a pas besoin d'être communiquée au maire, et si celui-ci est appelé à fournir des observations, rien n'oblige à en donner connaissance à la partie réclamante ; mais, lorsqu'un tiers intervient, pour combattre le recours, le débat prend un caractère contradictoire qui oblige à suivre toutes les règles tracées par le décret précité.

Dans tous les cas, la partie qui forme le recours est tenue de produire :

1° Une requête libellée sur papier timbré et indiquant si elle entend présenter des observations à l'audience ;

2° Un plan coté des lieux ;

3° La délibération et l'arrêté municipal attaqués.

60. On est recevable à proposer, pour la première fois, devant le conseil de préfecture, des moyens d'assainissement qui n'ont pas été soumis au conseil municipal ; en effet, une

pareille demande n'est point faite en matière contentieuse (*Voir n° 47*) et les moyens mis en avant auraient pu être prescrits, d'office, par l'autorité municipale (*Voir n° 25*). Il n'y a donc pas lieu d'invoquer ici la règle juridique qui défend de formuler, en appel, un chef de demande non contenu dans les conclusions posées en première instance, afin de maintenir à toutes les parties en cause le bénéfice des deux degrés de juridiction.

61. Le recours contre les délibérations du conseil municipal n'étant ouvert qu'au profit des individus à qui l'insalubrité des habitations est reprochée, ne peut conduire, en aucun cas, à une aggravation des mesures critiquées : c'est ce qu'a jugé le Conseil d'État par un arrêt du 14 juillet 1859 (*Belseur*) :

Considérant que, d'après l'art. 6 de la loi du 13 avril 1850, sur l'assainissement des logements insalubres, lorsque le conseil municipal a déterminé, soit les travaux d'assainissement et les lieux où ils devront être entièrement ou partiellement exécutés, ainsi que les délais de leur achèvement, soit les habitations qui ne sont pas susceptibles d'assainissement, les intéressés peuvent former un recours contre ses décisions devant le conseil de préfecture; mais que ce recours, qu'il soit formé par les locataires ou par les propriétaires et usufruiters, ne peut avoir pour but de faire aggraver la décision prise par le conseil municipal ;

Qu'en conséquence, le Préfet du département de Seine-et-Marne, agissant au nom du département, comme locataire du bâtiment appartenant au sieur Belseur, n'était pas recevable à déférer au conseil de préfecture la décision par laquelle le conseil municipal avait prescrit les travaux nécessaires pour assainir le bâtiment affecté au casernement de la gendarmerie, et à demander qu'il fût décidé que ce bâtiment n'était pas susceptible d'assainissement, et que la location, à titre d'habitation, en fût interdite d'une manière absolue,

Qu'ainsi, c'est à tort que le conseil de préfecture a, sur le recours du préfet, interdit la location, à titre d'habitation, du bâtiment donné à bail par le sieur Belseur au département :

Art 1er. — L'arrêté du conseil de préfecture est annulé.

62. L'effet suspensif attribué, par la loi, au recours devant le conseil de préfecture s'applique à l'obligation d'exécuter les travaux d'assainissement. Si ce recours est rejeté, purement et simplement, le délai qui avait été fixé par le conseil municipal, pour se conformer à sa délibération, n'est point prorogé d'un temps égal à celui qui s'est écoulé entre le dépôt de la requête au greffe du conseil de préfecture et la notification de l'arrêté intervenu sur cette requête ; c'est à ses risques et périls que le propriétaire ou l'usufruitier saisit la juridiction administrative, en ce sens que si, au moment où il reçoit connaissance du rejet de sa réclamation, le délai accordé par le conseil municipal, pour l'achèvement des travaux d'assainissement, est expiré, l'administration peut, sur-le-champ, faire dresser un procès-verbal de contravention ; le droit de recours établi par la loi n'est pas de nature à dégénérer en moyen dilatoire préjudiciable à la santé publique.

Lorsque la décision attaquée prescrit plusieurs mesures dont les unes sont reconnues indispensables par le conseil de préfecture, et les autres sont annulées ou modifiées, la règle précédente doit être encore admise, en ce qui concerne les dispositions confirmées, si elles sont indépendantes des autres.

Dans le cas où les mesures déterminées par le conseil municipal sont modifiées par le conseil de préfecture, si celui-ci ne précise pas, dans son arrêté, le temps qu'il juge nécessaire pour y satisfaire, la délibération municipale est censée avoir été maintenue implicitement quant au délai d'achèvement des travaux ; mais ce délai ne court que de la date de notification de l'arrêté modificatif.

63. Le maire notifie la décision du conseil de préfecture dans la forme indiquée aux n°ˢ 22 et 32.

64. Dans la pensée de ceux qui ont rédigé la loi du 13 avril 1850, le conseil de préfecture devait statuer, en dernier ressort, sur les recours ouverts devant lui par l'art. 6 de cette

loi : c'est ce qu'on est autorisé à conclure d'un passage du rapport fait à l'Assemblée législative par M. de Riancey ;

Quelques personnes auraient voulu que le recours contre l'injonction des travaux à exécuter remontât jusqu'au Conseil d'État. La majorité de la commission a pensé que l'intervention du conseil de préfecture suffisait. Il ne faut pas entraver, par une trop longue et trop dispendieuse procéd re, des travaux qui peuvent être urgents et qui seront souvent d'une importance assez minime. Le recours, d'ailleurs, est suspensif.

Mais on est obligé de reconnaître que les considérations exposées dans ce rapport ne sont pas suffisantes pour faire admettre une dérogation au principe général que les arrêtés des conseils de préfecture sont sujets à l'appel ; il paraît, d'ailleurs, contradictoire ou, tout ou moins, difficile, de supposer qu'un propriétaire engage « une longue et dispendieuse procédure » pour échapper à l'exécution de travaux « d'une minime importance. »

En dehors du mérite des motifs mis en avant par M. de Riancey, on ne doit pas oublier qu'en droit, les documents qui se rattachent à un acte législatif n'ont point de force obligatoire ; ils servent, seulement, quelquefois à éclaircir le sens de dispositions obscures ; mais c'est, avant tout, dans le texte même de la loi et les règles juridiques, auxquelles est soumise son interprétation, qu'il convient de chercher la solution des difficultés qu'elle peut faire naître.

Or, pour priver les parties d'un degré de juridiction, il faut que le législateur ait formellement exprimé sa volonté à cet égard.

Il est vrai qu'on a prétendu, par un argument *a contrario*, faire résulter de l'art. 10 de la loi de 1850 la défense de se pourvoir au Conseil d'État contre les arrêtés ordonnant d'effectuer des travaux d'assainissement à l'intérieur des habitations ; mais cet article est susceptible, littéralement, d'une

autre signification que celle qu'on a pu entendre lui donner,
ce qui suffit pour écarter l'objection. (*Voir le n° 80.*)

La question précédente a été résolue, dans le sens qui vient
d'être indiqué, par un décret rendu au contentieux le 7 avril
1865 (*de Madre*) :

Considérant que le recours est ouvert devant nous, en notre
Conseil d'État, contre toutes les décisions des conseils de préfecture,
en matière contentieuse, que ni l'art. 6 de la loi du 13 avril 1850,
ni aucune autre disposition de loi, ne contiennent d'exception à cette
règle générale.

65. Tout ce qui a été dit, aux n° 53 à 63, de la procédure
devant le conseil de préfecture, s'applique à l'instruction des
recours au Conseil d'État.

Cependant, il importe de remarquer que, tandis qu'un délai
d'un mois, seulement, est accordé, pour saisir le conseil de
préfecture, le laps de temps, pendant lequel on peut déférer
au Conseil d'État les actes de cette juridiction, est de trois mois,
en vertu de l'art. 11 du décret du 22 juillet 1806, ainsi conçu :

Le recours au conseil contre la décision d'une autorité qui y ressortit ne sera pas recevable après trois mois du jour où cette décision
aura été notifiée.

On voit, par là, qu'un propriétaire ou un usufruitier qui a
laissé écouler un mois, sans former de recours au conseil de
préfecture, contre les actes de l'autorité municipale, est encore
recevable, ce délai passé, à les attaquer devant le Conseil
d'État ; ce pourvoi direct ne lèse aucun droit, puisque la partie
mise en cause par le maire, comme responsable de l'insalubrité, n'a pas d'adversaire légal. (*Voir n° 51 à 53 et 60.*)

Mais, tant que le recours devant le conseil de préfecture
est ouvert, celui-ci ayant plénitude de juridiction en matière
de logements insalubres, il n'est pas loisible à la partie intéressée de former un pourvoi direct, devant le Conseil d'État,
contre les actes de l'autorité municipale, sous prétexte d'in-

compétence ou d'excès de pouvoirs, en invoquant la jurisprudence administrative fondée sur une induction de la loi des 7-14 octobre 1790.

Art. 7.— En vertu de la décision du conseil municipal ou de celle du conseil de préfecture, en cas de recours, s'il a été reconnu que les causes d'insalubrité sont dépendantes du fait du propriétaire ou de l'usufruitier, l'autorité municipale lui enjoindra, par mesure d'ordre et de police, d'exécuter les travaux jugés nécessaires.

66. Pour que des travaux d'assainissement puissent être ordonnés par le conseil municipal, il faut, notamment, comme il a été dit, à plusieurs reprises, que le siége de l'insalubrité soit à l'intérieur de l'habitation ou de ses dépendances et que le mal soit imputable au propriétaire ou à l'usufruitier. (*Voir n°* 2 *et* 4). Quand le conseil, reconnaissant le concours de ces deux circonstances, a déterminé les travaux qu'il juge nécessaires, pour remédier à l'état des choses, le maire, en portant cette décision à la connaissance de la partie intéressée doit lui enjoindre d'exécuter ce qui a été prescrit et lui déclarer que, faute d'obtempérer à la mise en demeure, dans le délai fixé, elle sera immédiatement poursuivie devant le tribunal compétent. Cet acte comminatoire, quoique superflu, a été exigé par la loi dans la pensée, sans doute, qu'en rappelant au propriétaire ou à l'usufruitier, les conséquences auxquelles l'exposerait son inaction, celui-ci mettrait plus d'empressement à se conformer à la décision qui lui est notifiée, afin d'éviter la répression dont on le menace. Par suite, l'injonction est répétée, en cas de recours, après l'arrêté du conseil de préfecture et le décret rendu au contentieux, si la nécessité de travaux d'assainissement a été admise par toutes les juridictions.

A Paris, l'injonction doit émaner du préfet de la Seine. (*Voir le n°* 18), mais la notification est faite, d'une manière valable, par le maire de l'arrondissement auquel ressortit le domicile de la partie intéressée.

Si un propriétaire ou usufruitier ne demeure pas dans la commune de la situation des lieux déclarés insalubres, le maire de cette commune n'en a pas moins qualité pour lui enjoindre d'exécuter des travaux d'assainissement ; c'est là un acte d'exécution qui rentre dans ses pouvoirs de police ; mais la notification est faite, alors, sur place, au représentant du propriétaire ou de l'usufruitier et, en l'absence d'un représentant, à tout locataire, avec réquisition de faire parvenir à sa destination l'acte qui lui est remis.

Cette procédure est celle qu'ont établie les déclarations des 18 juillet 1729 et 18 août 1730, sur les bâtiments en péril.

67. Les décisions relatives à l'assainissement des habitations ne dispensent pas d'observer les règlements de voirie, qui défendent de commencer aucun ouvrage aux faces des bâtiments en bordure des rues et chemins, avant d'en avoir demandé et reçu la permission.

C'est ce qu'a jugé implicitement le Conseil d'État, par un arrêt du 12 avril 1866 (*de Besse*) :

Considérant... que les requérants ont établi un enduit en ciment romain... et un enduit en plâtre...; que ces travaux ont eu un effet confortatif ; qu'i's prétendent, il est vrai, que ces travaux ont été exécutés pour obéir aux injonctions verbales qui auraient été faites par la commission des logements insalubres, mais que ces injonctions n'auraient pu avoir pour effet de les dispenser de se munir de l'autorisation de l'administration ; que, dans ces circonstances, il y a lieu d'ordonner la démolition des travaux, sauf dans le cas où le maintien desdits travaux serait reconnu utile, dans l'intérêt de la salubrité, à obtenir de l'administration l'autorisation de les conserver.

Toutefois, l'injonction d'assainir, adressée par le maire, vaut, le cas échéant, autorisation d'exécuter ceux des travaux qui s'appliquent à une façade, joignant la voie publique, mais à deux conditions : la première, c'est que la maison où les travaux sont entrepris borde la voirie municipale ; la seconde, que la nécessité d'une autorisation spéciale n'ait pas été réservée par le maire dans son injonction.

L'ouverture de baies, dans les murs des bâtiments sur rue, nécessite une permission ; elle entraîne donc le payement des droits de voirie, qui sont la conséquence de cette permission, suivant l'avis du Conseil d'État du 11 janvier 1848.

Art. 8. — Les ouvertures pratiquées pour l'exécution des travaux d'assainissement seront exemptées, pendant trois ans, de la contribution des portes et fenêtres.

68. Le nombre des portes et fenêtres, ménagées dans la face extérieure ou intérieure d'un bâtiment, est réputé un indice de la valeur des logements et, partant, de la fortune des contribuables ; l'amélioration qui consiste à faire circuler, en abondance, l'air et la lumière dans un logement, y apporte une plus-value qui profite, en effet, au propriétaire ; mais, si des percements de baies sont pratiqués, en conformité de la loi du 13 avril 1850, dans une habitation, cela suppose qu'elle est occupée par un autre que celui qui en perçoit les revenus et, ordinairement, qu'elle est tenue en location ; la plus-value ne peut donc, dans la plupart des cas, être réalisée immédiatement, l'habitation ayant été concédée à un tiers, pour un prix inférieur à la valeur locative actuelle.

A la vérité, la contribution des portes et fenêtres est, en principe, une charge locative ; mais, puisqu'aucune augmentation de loyer ne survient, en général, aussitôt après l'exécution des travaux d'assainissement, le locataire, quoiqu'ayant eu sa jouissance améliorée, ne peut être considéré comme possédant, au point de vue de l'impôt, un revenu plus grand et être soumis, par suite, à une plus forte cotisation.

Il était juste de tenir compte de ces circonstances.

Pour que l'exemption accordée par la loi ait son effet, il faut que le maire informe les répartiteurs et agents des contributions de l'ouverture des jours et issues opérées en vertu de décisions du conseil municipal ou d'avis de la commission des logements insalubres, auxquels un acquiescement a été donné. Si, en l'absence de ce renseignement, les portes et fenêtres ainsi pratiquées avaient été indûment comprises dans un rôle, le propriétaire pourrait obtenir l'exonération de la somme mal à propos réclamée, en produisant, comme titre, l'acte administratif qui a prescrit le percement des baies.

Art.9. — En cas d'inexécution, dans les délais déterminés, des tra-vaux jugés nécessaires, et si le logement continue d'être occupé par un tiers, le propriétaire ou l'usufruitier sera passible d'une amende égale à la valeur des travaux et pouvant être élevée au double.

69. Lorsqu'il a été prononcé souverainement sur l'existence de l'insalubrité d'une habitation et les mesures à prendre pour y remédier, et après que le délai imparti pour satisfaire aux prescriptions administratives est expiré, le maire doit faire visiter par un agent les localités reconnues insalubres, pour vérifier si elles ont été assainies conformément à l'injonction notifiée au propriétaire ou à l'usufruitier.

Un membre de la commission des logements insalubres n'étant pas fonctionnaire public (n° 15), ne peut être chargé de cette mission, qui doit être confiée à un agent investi, par son titre, du pouvoir d'exercer la police des constructions.

En cas de résistance, l'agent désigné se fait assister du commissaire de police et, si ce magistrat ne réside pas dans la localité, le maire, qui est aussi officier de police judiciaire, doit se transporter, lui-même, pour procéder à la visite des lieux et en forcer, au besoin, l'entrée.

70. Pour qu'il y ait contravention punissable, il faut la réunion de deux circonstances :

1° L'inexécution totale ou partielle des travaux ordonnés ;

2° La concession, à un tiers, du logement insalubre par le propriétaire ou l'usufruitier, après l'expiration du délai accordé pour l'achèvement des travaux.

Le procès-verbal qui constate la contravention fait foi,

jusqu'à preuve contraire, en vertu de l'art. 154 du Code d'instruction criminelle, ainsi conçu :

Les contraventions seront prouvées, soit par procès-verbaux ou rapports, soit par témoin, à défaut de rapports et procès-verbaux, ou à leur appui. Nul ne sera admis, à peine de nullité, à faire preuve, par témoins, outre ou contre le contenu aux procès-verbaux ou rapports des officiers de police ayant reçu de la loi le pouvoir de constater les délits ou les contraventions jusqu'à inscription de faux.

Quant aux procès-verbaux et rapports faits par des agents préposés ou officiers, auxquels la loi n'a pas accordé le droit d'en être crus jusqu'à inscription de faux, ils pourront être débattus par des preuves contraires, soit écrites, soit testimoniales, si le tribunal juge à propos de les admettre.

71. Les procès-verbaux de contravention doivent être déférés au tribunal correctionnel. On avait cru, d'abord, dans quelques départements, que l'application des peines édictées par la loi du 13 avril 1850, rentrait dans la compétence du Conseil de préfecture ; cette erreur a été signalée par une circulaire du Ministre de l'agriculture, du commerce et des travaux publics, en date du 5 février 1858, portant :

Il est de principe que les conseils de préfecture n'ont de juridiction que dans les cas expressément prévus par la loi, et ce serait à tort qu'on prétendrait que l'art. 6 de la loi précitée, constituant les conseils de préfecture juges de l'opportunité des mesures prescrites par l'autorité municipale, il serait rationnel qu'ils fussent, en même temps, investis du pouvoir de faire respecter les décisions de ces mêmes autorités. A tous les degrés de la hiérarchie, quand il s'agit, non d'obtenir l'exécution d'un acte administratif, mais de donner à cet acte une sanction pénale, c'est, sauf les exceptions formellement prévues, au pouvoir judiciaire qu'il appartient de prononcer.

Ici, d'ailleurs, les textes sont formels. La loi du 13 avril 1850, après avoir attaché une sanction pénale aux actes du pouvoir administratif, qui ordonnent des travaux d'assainissement, ou défendent l'habitation d'une localité, déclare que les amendes encourues pourront être modérées, suivant les règles établies par l'art. 463 du Code pénal. Or, ce dernier article, en ce qui concerne les amendes, suppose une répression prononcée par les tribunaux correctionnels qui statuent, en vertu de l'art. 179 du Code d'instruction criminelle, sur tous les faits punissables d'une amende excédant 15 fr.

72. En résumé, pour qu'un procès-verbal, dressé dans le cas prévu au n° 69, puisse motiver condamnation, il faut et il suffit :

1° Que la décision inobservée soit légale et obligatoire ;

2° Qu'elle ait été connue en temps utile.

Le tribunal correctionnel ne commet donc pas d'empiétement sur le pouvoir administratif en examinant :

1° Si le maire a enjoint d'exécuter des travaux que l'art. 5 de la loi de 1850 permet de prescrire ;

2° Si l'injonction s'adressait à une personne déclarée, par la même loi, responsable de l'insalubrité ;

3° S'il en a été valablement fait dépôt, entre les mains soit du prévenu, soit d'un tiers ayant qualité pour la recevoir ;

4° Enfin, si le logement est loué ou habituellement occupé par un autre que le prévenu.

73. Mais, la règle de l'indépendance des pouvoirs administratif et judiciaire s'oppose à ce que le tribunal se fasse juge de la procédure antérieure à l'injonction du maire : les irrégularités qui auraient pu être commises dans le cours de l'instruction administrative seraient couvertes par l'absence de recours contre la décision municipale, l'inaction de la partie faisant, alors, présumer un acquiescement à la manière dont l'instruction a été conduite, de telle sorte que l'acte non attaqué devant la juridiction compétente, dans le délai légal, a l'autorité de la chose jugée, quoique rendu avec des éléments incomplets.

La règle constitutionnelle ci-dessus rappelée interdit, pareillement, au tribunal d'apprécier si des travaux, qu'on soutiendrait équivaloir à ceux qu'a prescrits le conseil municipal, remédient suffisamment à l'insalubrité reconnue.

74. Les énonciations contenues au procès-verbal ne peuvent être combattues qu'à l'aide de l'un des moyens mentionnés dans l'art. 154 du Code d'instruction criminelle, c'est-à-dire avec des preuves écrites ou testimoniales.

Le tribunal ne saurait donc désigner des experts, pour lui faire connaître si les travaux d'assainissement, que le prévenu dit avoir effectués, sont réellement ceux dont on a ordonné l'exécution : l'envoi d'un expert sur les lieux, pour remplir une telle mission, impliquerait une difficulté d'appréciation que l'administration, seule, est à même de résoudre.

Et il n'y a pas à prononcer le renvoi, au maire, de cette question regardée comme préjudicielle, car le fait de déférer un procès-verbal constatant qu'il n'a pas été satisfait aux prescriptions administratives, rend superflue toute déclaration ultérieure dans le même sens.

75. C'est au conseil municipal, à l'exclusion de tout autre pouvoir, qu'il appartient de déterminer, en premier ressort, le degré d'urgence des travaux d'assainissement; dès lors, le tribunal n'a pas qualité pour accorder au prévenu, avant ou après le jugement définitif, un délai, afin de lui permettre d'exécuter ces travaux : un tel sursis prolongerait l'état d'insalubrité, sans faire disparaître la contravention ; le fait de se conformer à la décision municipale, postérieurement à la date du procès-verbal, n'est qu'une circonstance atténuante, de nature à être prise en considération par les juges, lorsqu'ils fixent la quotité de la peine.

Il ne suffit point, par conséquent, au propriétaire ou à l'usufruitier, pour se disculper, d'établir que les travaux sont terminés au jour de sa comparution devant le tribunal ; il doit démontrer, en outre, que ces travaux étaient achevés lorsqu'on a dressé procès-verbal contre lui.

On ne saurait accueillir, non plus, l'allégation que l'agent verbalisateur n'a pas visité les lieux au moment où il a constaté la contravention, si, d'ailleurs, elle n'est pas déniée.

Mais si le prévenu soutient, à la fois, que les travaux étaient achevés dans le délai fixé, et que l'agent verbalisateur n'en a pas personnellement vérifié l'exécution, la preuve de cette dernière circonstance autorise, à elle seule, à relaxer des poursuites.

76. Le locataire d'un logement déclaré insalubre est recevable à demander, par voie de citation directe, l'exécution d'office des travaux d'assainissement reconnus indispensables. En effet, d'après l'art. 1er du Code d'instruction criminelle, « l'action en réparation du dommage causé..... par une contravention, peut être exercée par tous ceux qui ont souffert du dommage. » En vertu de l'art. 3 du même Code, le locataire peut aussi se porter partie civile, dans le cours de la poursuite intentée par le ministère public, et réclamer l'autorisation de faire exécuter les travaux d'assainissement aux frais du propriétaire ou de l'usufruitier.

Mais le ministère public n'a pas le même droit, et le tribunal ne peut, sur ses réquisitions, et encore moins de son propre mouvement, ordonner l'exécution d'office des travaux imposés par l'administration ; cet empêchement résulte implicitement de ce que la loi a prévu qu'un an après la condamnation les travaux pourraient n'être pas encore effectués ; elle s'est bornée à édicter une pénalité qui ôte au propriétaire, ou à l'usufruitier, tout intérêt à rester, pendant ce laps de temps, dans l'inaction, et elle a permis, si on le laisse écouler, d'infliger une amende égale et même supérieure à la valeur estimative des travaux à entreprendre.

Le tribunal est libre de commettre, aux frais du prévenu et sur sa demande, un homme de l'art pour évaluer le montant des travaux ; il n'est pas lié, sur ce point, par l'avis de l'administration.

77. L'art. 640 du Code d'instruction criminelle déclare

prescrite l'action publique, pour une contravention de police, après une année révolue, à dater du jour où l'infraction a été commise ; la prescription est donc acquise, en matière d'assainissement des habitations, un an après l'expiration du délai accordé pour achever les travaux ; mais l'absolution qu'obtient le prévenu ne met pas obstacle à une nouvelle instruction administrative pouvant donner lieu à de nouvelles poursuites, car on ne prescrit pas contre le droit de police exercé dans un intérêt toujours subsistant, comme est celui de la santé publique ; l'administration peut réitérer indéfiniment ses injonctions, pourvu qu'elle les sépare, les unes des autres, par un intervalle égal au temps donné pour s'y conformer.

Art. 10. — S'il est reconnu que le logement n'est pas susceptible d'assainissement, et que les causes d'insalubrité sont dépendantes de l'habitation elle-même, l'autorité municipale pourra, dans le délai qu'elle fixera, en interdire provisoirement la location, à titre d'habitation.

L'interdiction absolue ne pourra être prononcée que par le conseil de préfecture, et, dans ce cas, il y aura recours de sa décision au Conseil d'État.

Le propriétaire ou l'usufruitier qui aura contrevenu à l'interdiction prononcée, sera condamné à une amende de 16 francs à 100 francs, et, en cas de récidive dans l'année, à une amende égale au double de la valeur locative du logement interdit.

78. Il n'a été question, jusqu'à présent, que des mesures à prendre à l'égard des logements dans lesquels l'insalubrité peut cesser à l'aide de réparations convenables ; mais il arrive parfois qu'aucun travail d'amélioration n'est capable d'en atténuer sensiblement les effets. Il appartient au conseil municipal de déclarer l'irremédiabilité du mal ; mais sa délibération n'a pas, en pareil cas, le même caractère que lorsqu'il s'agit de prescrire des travaux d'assainissement : elle a besoin d'être confirmée par le conseil de préfecture, sans qu'il soit nécessaire de former aucun recours. Tout d'abord, les art. 5

et 6 de la loi semblent contraires à une telle interprétation ; ils attribuent au conseil municipal le soin de déterminer si les habitations reconnues insalubres sont ou ne sont pas susceptibles d'assainissement, et ouvrent (art. 6) un recours aux intéressés « contre ces décisions, » ce qui tendrait à faire admettre que le conseil est investi du pouvoir de décider, aussi bien quand il prononce négativement sur la possibilité d'assainir un logement que quand il indique les moyens à employer, pour en faire disparaître l'insalubrité. Mais pour peu qu'on rapproche les dispositions précitées de celles des art. 7 et 9, qui s'y réfèrent, on voit que l'intention du législateur est de ne conférer aux délibérations du conseil municipal le caractère décisoire qu'autant qu'elles sont relatives à des travaux d'assainissement, et que c'est à cette seule catégorie de délibérations qu'il est fait allusion dans l'art. 6, lequel devient *complétement* inapplicable dès qu'un logement a été déclaré impropre à l'habitation.

Le rapport déjà cité de M. de Riancey, d'accord ici avec les principes, confirme cette interprétation :

« Remarquons, toutefois, que, *dans ce dernier cas*, la résolution du conseil municipal *n'est que préalable :* c'est le conseil de préfecture qui statue définitivement. »

79. Le maire notifie, néanmoins, la délibération du conseil municipal à la partie intéressée, dans la forme indiquée plus haut (n° 32), en la prévenant que le conseil de préfecture va être appelé à statuer, déffinitivement, sur la nécessité de condamner le logement insalubre. La partie, ainsi mise en demeure, doit, en même temps qu'elle adresse un dire au conseil de préfecture, lui déclarer si elle entend présenter des observations à l'audience.

En cas d'urgence, le maire peut enjoindre de faire cesser, dans un certain délai, l'habitation d'un logement, jusqu'à ce que le conseil de préfecture ait prononcé ; c'est là ce qu'il faut comprendre par l'*interdiction provisoire* dont parle l'article 10 de la loi de 1850 ; le sens de cet article a été manifesté par la jurisprudence, dans des circonstances qui offrent une grande analogie avec celle dont il s'agit. La fermeture des établissements dangereux, incommodes et insalubres, ne peut être ordonnée, dans l'intérêt de la culture ou de la salubrité, que par un décret rendu en Conseil d'État; mais il a été décidé que l'autorité municipale était investie, en vertu des attributions qu'elle tient de la loi des 16-24 août 1790, du pouvoir de faire suspendre une exploitation jusqu'à ce que le Gouvernement ait statué sur la proposition, qui lui est soumise, d'interdire cette exploitation ; ainsi l'a jugé le Conseil d'État, notamment par un arrêt du 22 janvier 1857, *Société d'éclairage au gaz :*

Considérant que si... le préfet de police a le droit de prendre les mesures qui lui paraissent nécessaires dans l'intérêt de la sûreté et de la salubrité publiques, ce droit n'emporte pas le pouvoir de prononcer la suppression d'établissements industriels qui existent légalement ; qu'en cas de danger, ledit préfet pouvait prononcer l'interdiction à titre provisoire..., jusqu'à ce qu'il eût été statué, par l'autorité compétente, sur cette interdiction...

80. Si le conseil de préfecture ne trouve pas de motifs suffisants pour justifier l'interdiction, il peut, soit ordonner les travaux d'assainissement qu'il juge devoir être efficaces, si l'affaire est en état de recevoir une solution, soit, s'il ne rencontre point, dans les pièces du dossier, des éléments complets de décision, prescrire de nouveaux actes d'instruction.

Les arrêtés du conseil ne sont pas susceptibles d'être attaqués, s'ils refusent de prononcer l'interdiction. (*Voir n° 53*); mais s'ils confirment les délibérations du conseil municipal, *dans ce cas* on peut les déférer au Conseil d'État.

81. Du principe que l'exécution des actes du pouvoir municipal, en matière de logements insalubres, n'est suspendue qu'autant qu'on a introduit un recours devant le conseil de préfecture, et que la réclamation adressée à ce conseil, lorsqu'une habitation a été condamnée, ne constitue pas un recours.

(*Voir n°* 78). Il résulte que l'interdiction provisoire émanée du maire subsiste, nonobstant les requêtes présentées au conseil de préfecture, par le propriétaire ou l'usufruitier, pour contester les faits admis par le conseil municipal.

82. L'interdiction provisoire emporte une sanction pénale, comme l'interdiction absolue.

Les contraventions sont constatées et jugées selon les règles mentionnées aux n°° 71 à 76 ; elles commencent à partir de l'expiration du délai accordé pour faire cesser l'habitation.

L'amende a pour base la valeur *locative* du logement interdit, tel qu'elle se trouve portée sur les rôles des contributions directes ; la loi n'a pas dit qu'on prendrait pour élément de fixation de la pénalité le prix du loyer, afin d'éviter toute fraude.

Aucune mesure coercitive ne peut être prise pour assurer une répression matérielle et effective ; la seule sanction possible est l'amende. Chaque jour de retard apporté dans l'exécution de l'acte qui a prononcé l'interdiction, constitue une nouvelle contravention ; il y a donc autant de contraventions successives que de jours écoulés depuis le terme fixé pour l'évacuation du logement condamné ; mais chaque infraction doit donner lieu à un procès-verbal distinct.

83. Celui qui habite un logement interdit n'a pas un intérêt juridique à citer directement le propriétaire ou l'usufruitier devant le tribunal correctionnel, ni à se porter partie civile, dans le cours de la poursuite exercée par le ministère public ; mais il peut, en vertu de la décision administrative, quitter les lieux, et ce n'est qu'autant que le détenteur de l'immeuble s'oppose à sa sortie qu'il est recevable à demander, en justice, l'autorisation de passer outre.

Art. 11.—Lorsque, par suite de l'exécution de la présente loi, il y aura lieu à la résiliation des baux, cette résiliation n'emportera, en faveur du locataire, aucuns dommages-intérêts.

84. D'après l'art. 1719 du Code Napoléon,

Le bailleur est obligé, par la nature du contrat, et sans qu'il soit besoin d'aucune stipulation particulière : 1° de délivrer au preneur la chose louée ; 2° *d'entretenir cette chose en état de servir à l'usage pour lequel elle a été louée...*

D'un autre côté, aux termes de l'art. 1741,

Le contrat de louage se résout... par le défaut respectif du bailleur et du preneur de remplir leurs engagemens. Or, quand un contrat n'est pas observé, l'art. 1184 porte que :

La partie envers laquelle l'engagement n'a point été exécuté a le choix ou de forcer l'autre à l'exécution de la convention, *lorsqu'elle est possible*, ou d'en demander la résolution avec dommages-intérêts. La résolution doit être demandée en justice, et il peut être accordé au défendeur un délai selon les circonstances.

En l'absence de la disposition contenue dans l'art. 11 de la loi du 13 avril 1850, l'éviction d'un locataire, pour cause d'insalubrité de son logement, ferait donc supporter au propriétaire, ou à l'usufruitier :

1° Si l'habitation peut être améliorée, la dépense des travaux d'assainissement et la privation temporaire du revenu afférent à cette habitation ;

2° Si le logement est d'une insalubrité irrémédiable, la moins-value résultant de la défense de continuer au local son affectation ;

Et 3° dans les deux cas précédents, l'indemnité qui pourrait être accordée au locataire.

Mais on a considéré que l'acte ayant pour but de protéger la vie et la santé des citoyens, était un *fait du prince*, fondé sur un intérêt public et, par cela même, pouvant être plus rigoureux, vis-à-vis d'un propriétaire, que ne le serait une sentence des tribunaux s'appuyant seulement sur un contrat civil ; qu'ainsi le locataire, lui aussi, devait faire un sacrifice pécuniaire, plus apparent que réel, pour se soustraire à un danger imminent de nature à lui causer les plus grands dommages.

85. Plusieurs conséquences découlent de ce principe.

L'art. 1724 du Code Napoléon règle, comme il suit, les droits et obligations du locataire, en cas de travaux qui troublent sa jouissance :

Si, durant le bail, la chose louée a besoin de réparations urgentes, et qui ne puissent être différées jusqu'à la fin, le preneur doit les souffrir, quelque incommodité qu'elles lui causent, et quoiqu'il soit privé, pendant qu'elles se font, d'une partie de la chose louée. Mais si ces réparations durent plus de quarante jours, le prix du bail sera diminué à proportion du temps et de la partie de la chose louée dont il aura été privé. Si les réparations sont de telle nature qu'elles rendent inhabitables ce qui est nécessaire au logement du preneur et de sa famille, celui-ci pourra faire résilier son bail.

Lorsque les travaux d'assainissement ne permettent pas de jouir paisiblement des lieux loués, le locataire n'a d'autre droit que de provoquer la résiliation de son bail, sans indemnité ; *à fortiori*, si les travaux durent plus de 40 jours, mais ne rendent pas inhabitable le logement dans lequel s'exécutent des travaux, n'est-il dû aucun dédommagement, puisque le préjudice est moindre.

Si un logement a été déclaré inhabitable, par une décision ayant force de chose jugée, le locataire peut, ainsi qu'il a été dit plus haut, en vertu de cet acte, comme titre, quitter les lieux, à l'expiration du délai imparti au propriétaire pour les faire vider. Il n'est pas besoin, alors, de faire prononcer, en justice, la résiliation du contrat de louage ; ce serait, indirectement, remettre en question une chose sur laquelle il a déjà été statué et autoriser les tribunaux à prolonger incidemment, sur la demande du propriétaire, l'occupation des lieux qu'il a été reconnu nécessaire de faire quitter dans un certain laps de temps.

Or, la règle de l'indépendance des pouvoirs administratif et judiciaire s'opposent à cette concurrence d'appréciation.

Lors donc que le propriétaire veut mettre obstacle à la sortie de son locataire, de l'habitation condamnée, celui-ci doit se borner à introduire un référé, pour vaincre la résistance qu'il rencontre.

Réciproquement, le propriétaire ou l'usufruitier est en droit, nonobstant les conventions intervenues ou les usages locaux, de faire signifier, à ceux qui occupent un logement interdit, d'avoir à en sortir dans le délai fixé par l'autorité administrative.

Il doit, en cas de refus, se faire autoriser, par la voie du référé, à les en expulser de vive force.

Art. 12.— L'art. **463** du **Code** pénal sera applicable à toutes les contraventions ci-dessus indiquées.

86. La disposition à laquelle se réfère l'art. 12 autorise, notamment, les tribunaux correctionnels, « si les circonstances paraissent atténuantes, » à réduire, ainsi qu'il suit, la quotité des amendes relatives à des faits prévus et punis *par le Code pénal* lui-même.

Si l'amende n'est pas inférieure à 100 fr., elle ne peut être abaissée au-dessous de 16 fr., minimum des peines pécuniaires correctionnelles.

Si le moindre chiffre de l'amende est inférieur à 100 fr., celle-ci peut être diminuée jusqu'au taux d'une peine de simple police.

Mais ce pouvoir de modération n'a été concédé, comme on l'a vu plus haut, que pour les peines déterminées par le Code pénal ; une disposition législative formelle est donc indispensable, pour l'étendre aux peines édictées par d'autres lois spéciales et prononcées par les tribunaux correctionnels ; de là vient que le législateur de 1850, voulant permettre à la justice d'user de la plus grande indulgence envers les personnes responsables de l'insalubrité des habitations, a dû exprimer son intention d'une manière explicite.

Art. 13. — Lorsque l'insalubrité est le résultat de causes extérieures et permanentes, ou lorsque ces causes ne peuvent être détruites que par des travaux d'ensemble, la commune pourra acquérir, suivant les formes et après l'accomplissement des formalités prescrites par la loi du 3 mai 1841, la totalité des propriétés comprises dans le périmètre des travaux

Les portions de ces propriétés qui, après l'assainissement opéré, resteraient en dehors des alignements arrêtés pour les nouvelles constructions, pourront être revendues aux enchères publiques, sans que, dans ce cas, les anciens propriétaires ou leurs ayants droit puissent demander l'application des art. 60 et 61 de la loi du 3 mai 1841.

87. Que l'insalubrité des habitations soit, ou non, le résultat de fautes du propriétaire, elle doit être combattue dès qu'on peut l'atteindre ; mais les moyens de la détruire diffèrent, nécessairement, suivant les causes du mal.

Les lois des 16-24 août 1790 et 19-22 juillet 1791, ainsi que les dix premiers articles de la loi du 13 avril 1850, confèrent à l'autorité municipale le pouvoir de remédier à l'insalubrité quand elle tient, soit à des causes temporaires, intérieures ou extérieures, soit à des causes permanentes, mais intérieures : l'art. 13 de la dernière des trois lois donne la possibilité d'atteindre les causes à la fois extérieures et permanentes, telles que le voisinage de constructions très-hautes qui interceptent le passage de l'air et de la lumière.

Lorsque des bâtiments, disposés d'une manière vicieuse, forment îlots, ou bien lorsque des immeubles, afin d'avoir une superficie qui les rende exploitables pour l'habitation, ont besoin d'être agrandis à l'aide d'emprises sur des propriétés contiguës et salubres, c'est par des travaux d'ensemble qu'il faut procéder ; en d'autres termes, l'occupation totale ou partielle d'îlots de maisons peut, en pareil cas, devenir indispensable.

Si l'insalubrité provient de l'existence, dans l'enceinte des habitations agglomérées, d'un édifice affecté à un service public de l'État ou du département, des négociations doivent, d'abord, s'établir entre la commune et l'administration intéressée, pour parvenir à la translation, dans un autre local, du service installé dans le bâtiment qu'il est nécessaire d'occuper, en vue de mettre fin à l'insalubrité.

88. La proximité d'un établissement industriel répandant des odeurs nuisibles ne constitue pas une cause permanente d'insalubrité, dans le sens de l'art. 13 de la loi de 1850. D'ailleurs, si une exploitation présente des dangers graves pour la santé des habitants du voisinage, la suppression peut en être ordonnée, sans recourir à l'expropriation. (*Voir n° 79.*)

89. Dans les communes où le décret du 26 mars 1852 est exécutoire, l'administration municipale a le droit et le devoir de faire déclarer d'utilité publique l'expropriation des terrains bordant la voie publique, et sur lesquels il ne pourrait être élevé de constructions salubres; mais si elle a négligé de prendre, en temps opportun, une initiative à cet égard, le maire ne saurait plus, lorsque les particuliers veulent exploiter ces terrains, empêcher d'y bâtir, en s'appuyant sur l'art. 4 du décret de 1852. On invoquerait, aussi, en vain la loi du 13 avril 1850, car le droit d'expropriation qu'elle accorde n'a pas un caractère préventif.

90. Les art. 60 et 61 de la loi du 3 mai 1841 permettent aux propriétaires de terrains expropriés, pour cause d'utilité publique, mais qui n'ont pas reçu la destination prévue, d'en demander la rétrocession, sans qu'en aucun cas le prix à payer, pour rentrer en jouissance, puisse excéder le montant de l'indemnité de dépossession qui avait été fixée à l'amiable ou par le jury. Mais il n'y a pas ici même raison de décider. Les travaux sont entrepris, non pas pour améliorer la voirie ou satisfaire aux exigences des services municipaux, mais pour lotir des terrains d'une manière convenable, afin d'y élever

ultérieurement des constructions salubres : c'est la destination indiquée par la loi et que mentionne l'acte autorisant l'acquisition des immeubles.

Or, la transformation que subissent ces immeubles, par suite des travaux, en élève la valeur ; il ne serait donc pas équitable d'attribuer gratuitement aux anciens propriétaires la plus-value donnée à leurs terrains.

91. Mais le droit de préemption accordé par l'art. 53 de la loi du 16 septembre 1807 et l'art. 2 du décret du 26 mars 1852 subsiste, à l'égard des parcelles restant en dehors des alignements ; et l'exercice de ce droit a précisément pour résultat de grouper les terrains d'une manière favorable à la salubrité.

92. La formalité de l'adjudication, pour la revente des terrains acquis par la commune, est essentielle, puisqu'elle a pour but de sauvegarder les intérêts financiers de l'administration locale, en provoquant la concurrence ; le préfet ne doit donc pas approuver une aliénation faite en exécution de l'art. 13 de la loi de 1850, si elle n'a pas été précédée d'une mise aux enchères publiques.

Art. 14.— Les amendes prononcées en vertu de la présente loi seront attribuées en entier au bureau ou à l'établissement de bienfaisance de la localité où sont situées les habitations à raison desquelles ces amendes auront été encourues.

93. Le produit des amendes, devant profiter intégralement à des établissements charitables locaux, tels que les bureaux de bienfaisance ou les hôpitaux et hospices, n'est point passible des décimes perçus par le trésor sur le montant des condamnations judiciaires.

94. C'est dans la caisse du bureau de bienfaisance et, à défaut seulement de ce bureau, dans celle de l'hôpital ou de l'hospice, que les amendes sont versées ; la raison en est que le bureau de bienfaisance représente la masse des pauvres d'une localité ; qu'il est donc naturel de le faire bénéficier des amendes plutôt qu'un établissement hospitalier, ordinaire-

ment pourvu de fondations, et qui, d'ailleurs, ne reçoit pas toujours, à titre gratuit, tous les malades ou infirmes, à moins qu'il n'y soit tenu par son acte d'institution, ou qu'il ne possède les ressources voulues pour l'entretien des personnes admises.

A Paris, et dans les villes où existent plusieurs bureaux de bienfaisance, les amendes appartiennent à celui d'entre eux dans la circonscription duquel est situé l'immeuble déclaré insalubre.

9 782016 191019